Hanane Amirat
Kamel Boukhalfa
Badra Kerrouche

La conception physique des Entrepôts de données

Hanane Amirat
Kamel Boukhalfa
Badra Kerrouche

La conception physique des Entrepôts de données

Nouvelle approche basée sur les techniques de la fouille de données

Presses Académiques Francophones

Imprint

Cover image: www.ingimage.com

Publisher:
Presses Académiques Francophones
is a trademark of
International Book Market Service Ltd., member of OmniScriptum Publishing Group
17 Meldrum Street, Beau Bassin 71504, Mauritius

Printed at: see last page
ISBN: 978-3-8416-3458-0

Remerciement

À l'issue de ce travail, je tiens tout d'abord à remercier ALLAH le tout puissant de m'avoir donné le courage et la volonté de mener à terme ce présent travail.

Je voudrais dédier ce travail à l'esprit de mon père à qui je souhaite la miséricorde divine, et une spéciale dédicace à ma mère et à toute ma chère famille pour leur encouragement tout au long de mes études.

Durant les deux ans de travail, j'ai eu la chance de travailler avec monsieur *Kafi Mohamed Redouane* chef centre de réseaux à l'université de Ouargla et professeur *Bouterfaia Ahmed* le recteur de l'université de Ouargla. Je pense notamment (pardon à ceux que j'ai oublié) à l'équipe de centre de réseaux de l'université de Ouargla(*Yamina*, *Randa*, *Sihem*, *Rym*, *Merieme Herma*, *Merieme mfaisal*, *Merieme Bousseta*, *Asma*, *Karima*) à toutes mes amies surtout *Oumsaad* et *Moubaraka*.

Je voudrais remercier plus particulièrement *Philippe Fournier-Viger*, professeur à l'université de Moncton, qui m'a aidée et encouragée durant deux ans.

Table des matières

Table des figures

Liste des tableaux

Introduction générale

1 Contexte

L'informatique décisionnelle a connu et connaît aujourd'hui encore un essor important. Elle permet l'exploitation des données des entreprises dans le but de faciliter la prise de décision. Ces entreprises manipulent de très importants volumes de données stockées dans des entrepôts de données, et elles sont destinées à s'accroitre sans cesse.

Un entrepôt est définit par *Bill Immon*, père du concept, dans son livre "Building the Data Warehouse" [3] ainsi : "Le data warehouse est une collection de données intégrées, orientées sujet, non volatiles, historisées, résumées et disponibles pour l'interrogation et l'analyse" [4]. Les entrepôts de données sont souvent modélisés par un schéma en étoile. Ce schéma est caractérisé par une table des faits de très grande taille (allant de quelques Gigaoctets à plusieurs Téraoctets) liée à un ensemble de tables de dimension de plus petite taille. La table des faits contient les clés étrangères des tables de dimension ainsi qu'un ensemble de mesures collectées durant l'activité de l'organisation. Les tables de dimension contiennent des données qualitatives qui représentent des axes sur lesquels les mesures ont été collectées.

Les requêtes définies sur un schéma en étoile (connues par requêtes de jointure en étoile) sont caractérisées par des opérations de sélection sur les tables de dimension, suivies de jointures avec la table des faits. Aucune jointure n'existe entre les tables de dimension. Toute jointure doit passer par la table des faits, ce qui rend le coût d'exécution de ces requêtes très important [5]. Sans technique d'optimisation, leur exécution peut prendre des heures, voir des jours.

Pour optimiser ces requêtes, l'administrateur est amené à effectuer deux tâches importantes : la conception physique et le tuning. Durant la conception physique, l'administrateur choisit un ensemble de techniques d'optimisation à sélectionner de manière isolée ou combinée. La phase de tuning consiste à régler l'utilisation de ces techniques suite aux évolutions survenues sur l'entrepôt de données afin d'éviter la dégradation des performances.

Pour optimiser les requêtes de jointure en étoile plusieurs techniques ont été proposées [5]. Ces techniques appartiennent à deux catégories : redondantes comme les index et les vues matérialisées du fait qu'elles nécessitent un espace de stockage et un coût de rafraîchissement et non redondantes comme la fragmentation horizontale et le traitement parallèle ne nécessitant ni un coût d'espace de stockage ni un coût de rafraîchissement.

2 Problématique

La sélection d'une seule technique d'optimisation n'est pas suffisante pour optimiser l'ensemble de requêtes défini sur l'entrepôt de données. Pour cela, l'administrateur est amené à sélectionner plusieurs techniques d'optimisation à la fois afin d'optimiser la plupart des requêtes.

Dans la cadre de ce livre, nous nous intéressons à la sélection combinée de schéma de fragmentation et index. Cependant, peu de travaux ont proposé ce type de sélection, nous pouvons citer [6] et [7]. Dans les travaux de [6], l'auteur a proposé une classification des attributs pour sélectionner les meilleures schémas de fragmentation et de configuration d'index. Par contre, le but de l'administrateur est d'optimiser un ensemble de requêtes. Pour cela, nous pensons qu'il serait intéressant de faire une classification des requêtes au lieu de celle appliquer sur les attributs de sélection.

De plus, chaque technique d'optimisation peut optimiser le coût d'exécution d'une requête plus qu'une autre, nous pensons alors que la classification des requêtes doit s'appliquer en se basant sur des facteurs qui décident quelle technique d'optimisation à utilisé pour optimiser une requête donnée.

3 Objectif

Nous allons proposer dans le cadre de ce livre une nouvelle approche de sélection combinée d'un schéma de fragmentation horizontale et une configuration d'index de jointure binaire. En effet, la sélection de chaque technique est connue comme problème *NP-Complet* [5] et leur combinaison ne fait qu'augmenter la complexité du problème.

Pour réduire la complexité du problème, nous avons proposé de partager les requêtes entre fragmentation et index dont le but, dans un premier temps, est de réduire la taille de la charge en entrée pour chaque démarche de sélection des techniques d'optimisation (FH et IJB), ce qui permet d'élaguer significativement le problème de sélection. Dans un second temps, le partage de requêtes permet de choisir les requêtes les plus adaptées à optimiser par les deux techniques en se basant sur deux critères : sélectivité et les cardinalités des attributs de la requête. Le partage ainsi que les démarches de sélection de FH et IJB sont effectués en se basant sur des techniques de fouille de données ou data mining.

L'idée d'utiliser les techniques de fouille de données, pour extraire des connaissances utiles afin d'automatiser la sélection des techniques d'optimisation, est une approche très prometteuse dans le domaine des entrepôts de données [8]. Cependant, peu de travaux ont été entrepris dans cette optique. C'est pourquoi nous étudions, dans ce travail, l'utilisation des techniques de fouille de données pour résoudre le problème de sélection du schéma de fragmentation et de la configuration d'index dans les entrepôts de données.

Nous proposons aussi à travers ce travail un outil permettant d'aider l'administrateur à sélectionner les techniques d'optimisation FH et IJB ce qui permet de faciliter ses tâches lors de la phase du conception physique.

4 Organisation du livre

Notre livre est organisé en deux parties : état de l'art et contribution.

La première partie est constituée de deux chapitres. Dans le premier chapitre, nous avons mené une étude bibliographique portant sur les principales techniques et algorithmes de data mining, nous nous concentrons sur celles utilisées pour la sélection des techniques d'optimisation des entrepôts de données.

Le chapitre 2 présente un état de l'art portant sur l'optimisation des entrepôts avec la fragmentation horizontale(FH) et les index de jointure binaire(IJB). Il se concentre principalement sur les travaux effectués pour résoudre leurs problèmes de sélection. Nous présentons également la sélection multiple permettant aux administrateurs de sélectionner plus qu'une technique d'optimisation à la fois. Nous concentrons le plus sur la sélection multiple de FH et IJB.

La partie contribution de notre livre est composée de deux chapitres. Dans le chapitre 3, nous détaillons notre approche et la démarche que nous avons adopté pour la sélection multiple des deux techniques FH et IJB.

Les résultats des expériences que nous avons menées pour valider notre proposition sont présentées dans le chapitre 4.

À la fin de ce livre, nous présentons notre conclusion générale. Nous y dressons le bilan de notre approche et nous présentons les perspectives de recherche.

Chapitre I

Techniques de fouille de données

1 Introduction

La fouille de données, knowledge discovery in databases(KDD), data mining ou extraction de connaissances à partir de données (ECD) sont des termes qui signifient littéralement forage de données. Aujourd'hui, le data mining est utilisé pour désigner tout le processus d'extraction de données. Le data mining est une démarche inductive, itérative et interactive de découverte de règles, relations, corrélations et/ou dépendances à travers une grande quantité de données. Il se situe à l'intersection de nombreuses disciplines comme l'apprentissage automatique, la reconnaissance de formes, les bases de données, les statistiques, la représentation de connaissances, l'intelligence artificielle, les systèmes experts. [9]

Le data mining est utilisé dans le monde professionnel pour résoudre des problématiques très diverses, allant de la gestion de relation client (CRM) à la maintenance préventive, en passant par la détection de fraudes ou encore l'optimisation de sites web.

Ce chapitre est une introduction au domaine du data mining. Nous allons introduire le processus d'extraction de connaissances à partir de données et les différentes tâches de data mining. Nous présentons, par la suite, une vue globale des techniques et algorithmes de data mining, nous concentrons le plus sur celles utilisées pour la sélection des techniques d'optimisations des entrepôts de données. Nous utilisons le long de ce livre le terme data mining et fouille de données indifférement.

2 Le processus de l'ECD

Le processus de l'extraction de connaissances est un processus interactif et itératif, impliquant de nombreuses étapes avec beaucoup de décisions laissées à l'utilisateur [10]. Les phases constituant le processus de l'ECD sont : la sélection de données, le nettoyage et l'intégration des données, la transformation de données, data mining (fouille de données), l'interprétation des résultats et l'intégration de la connaissance.

La figure I.1 récapitule ces différentes phases ainsi que les enchaînements possibles entre elles. Cette séparation est théorique. En pratique, ce n'est pas toujours le cas. En effet, dans de nombreux systèmes, certaines de ces étapes sont fusionnées [11] [12].

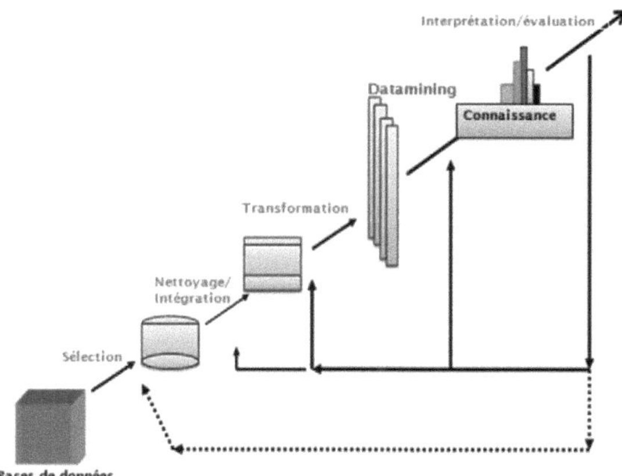

Figure I.1 – Processus d'extraction de connaissances.

2.1 La sélection de données

Cette phase concerne le filtrage de données. Par filtrage, nous voulons dire la réduction de la dimensionnalité des données (élimination d'attributs sans intérêt, ou ayant beaucoup de valeurs erronées et manquantes), ainsi que la réduction de la taille des données. La deuxième réduction peut être faite par des techniques statistiques d'échantillonnage, s'il s'avère que la masse de données est trop grande, et que l'application du data mining serait ainsi très coûteuse en terme de temps d'exécution et d'espace livre.

2.2 Le nettoyage et l'intégration des données

Cette étape consiste à détecter et supprimer des erreurs, du bruit, de l'incohérence dans les données pour améliorer leur qualité et l'intégration de données de sources multiples.

2.3 La transformation de données

Cette étape consiste à préparer les données brutes et à les convertir en données appropriées. Un exemple de la transformation d'un attribut est la discrétisation de variables continues. Il s'agit de transformer un attribut continu en divisant son domaine en intervalles finis. L'agrégation de données est un autre type de transformation. L'agrégat d'un attribut est la transformation de ce dernier par une règle ou équation.

2.4 Data mining

Le data mining est au cœur du processus d'ECD, il réfère à une série d'activités comme le choix du type de la tâche de data mining, la sélection de la technique et d'algorithme de data mining et l'extraction des modèles.

D'abord, le type de la tâche de data mining doit être choisi en se basant sur l'objectif attendu, une technique de data mining appropriée est alors utilisée. Une fois que cette technique est choisie, un algorithme particulier est associé. Le choix d'un algorithme de data mining inclut une méthode pour chercher les modèles dans les données. Cette décision doit apparier la technique de data mining particulière à l'objectif global de l'ECD. Tout le problème de data mining réside dans le choix de la technique adéquate à un problème donné. Il est également possible de combiner plusieurs techniques pour essayer d'obtenir une solution optimale globale.

2.5 Interprétation et évaluation

L'étape d'interprétation et d'évaluation des modèles inclut le filtrage d'information à être présentée en enlevant les modèles redondants ou non pertinents, en visualisant les modèles utiles, et en les traduisant en termes compréhensibles par des utilisateurs. Dans l'interprétation de résultats, on détermine et résout des conflits potentiels avec la connaissance précédemment trouvée où on décide de refaire n'importe laquelle des étapes précédentes. La connaissance extraite est également évaluée en terme de son utilité à un décideur et à l'objectif de l'application. La connaissance extraite est par la suite employée pour supporter la prise de décision humaine telle que la prédiction et pour expliquer des phénomènes observés.

3 Les tâches de data mining

L'utilisation du data mining dans différents domaines a peu résoudre une multitude de problèmes d'ordre intellectuel, économique ou commercial. Ces problèmes peuvent être exprimés, dans leur formalisation, dans l'une des six tâches suivantes : la classification, l'estimation, la prédiction, le groupement par similitude, l'analyse des clusters et la description [13].

Les trois premières tâches sont des exemples de data mining supervisé dont le but est d'utiliser les données disponibles pour créer un modèle décrivant une variable particulière prise comme but en termes de ces données. Le groupement par similitude et l'analyse des clusters sont des tâches non-supervisées où le but est d'établir un certain rapport entre toutes les variables [14].

3.1 La classification

La classification est la tâche la plus connue du data mining. Elle consiste à étudier les caractéristiques d'un nouvel objet pour lui attribuer une classe prédéfinie. Les objets à classifier sont généralement des enregistrements d'une base de données. La tâche de classification est caractérisée par une définition des classes bien précises et un ensemble d'exemples classés auparavant [14].

3.2 L'estimation

L'estimation est similaire à la classification à part que la variable de sortie est numérique plutôt que catégorique. En fonction des autres champs de l'enregistrement, l'estimation consiste à compléter une valeur manquante dans un champ particulier [13].

3.3 La prédiction

La prédiction est la même que la classification et l'estimation, à part que dans la prédiction les enregistrements sont classés suivant des critères (ou des valeurs) prédites (estimées). La principale raison qui différencie la prédiction de la classification et l'estimation est que dans la création du modèle prédictif on prend en charge la relation temporelle entre les variables d'entrée et les variables de sortie [13].

3.4 Le groupement par similitude

Le groupement par similitude consiste à déterminer quels attributs "vont ensemble". Elle est considérée comme la tâche la plus répandue dans le monde du business, où elle est appelée *l'analyse du panier du marché*. Elle présente l'association des recherches pour mesurer la relation entre deux et plusieurs attributs. Les règles d'associations sont de la forme "Si antécédent, alors conséquent".

3.5 L'analyse des clusters

Le clustering (ou la segmentation) est le regroupement d'enregistrements ou des observations en classes d'objets similaires. Un cluster est une collection d'enregistrements similaires l'un à l'autre, et différents à ceux existants sur les autres clusters. La différence entre le clustering et la classification est que dans le clustering il n'y a pas de variables sortantes. La tâche de clustering ne classifie pas, n'estime pas, ne prévoit pas la valeur d'une variable sortantes.

3.6 La description

Parfois le but du data mining est simplement de décrire se qui se passe sur une base de données compliquée en expliquant les relations existantes dans les données pour en premier lieu comprendre le mieux possible les individus, les produit et les processus présents sur cette base. Une bonne description d'un comportement implique souvent une bonne explication de celui-ci [15].

4 Techniques de data mining

Les techniques de data mining peuvent être classifiés selon l'information à priori : les techniques supervisées et celles dites non supervisées.

4.1 Les techniques supervisées

Les techniques supervisées proposent une classification des objets en s'appuyant sur un modèle préétabli d'exemples ou d'échantillons sélectionnés au hasard.

Ces techniques ont pour objectif d'assurer les tâches supervisées : classification et régression. On peut citer dans une liste non exhaustive : les arbres de décision, les réseaux de neurones, les classificateurs bayésiens, les machines à vecteurs de support, les K plus proches voisins et la régression.

4.1.1 Les arbres de décision

Les arbres de décision sont des outils d'aide à la décision qui permettent selon des variables discriminantes de répartir une population d'individus en groupes homogènes en fonction d'un objectif connu. Les arbres de décision sont des outils puissants et populaires pour la classification et la prédiction. Un arbre de décision permet à partir des données connues sur le problème de donner des prédictions par réduction, niveau par niveau, du domaine des solutions.

Chaque nœud interne d'un arbre de décision permet de répartir les éléments à classifier de façon homogène entre ses différents fils en portant sur une variable discriminante de ces éléments. Les branches qui représentent les liaisons entre un nœud et ses fils sont les valeurs discriminantes de la variable du nœud, et à la fin, les feuilles d'un arbre de décision représentent les résultats de la prédiction des données à classifier [16].

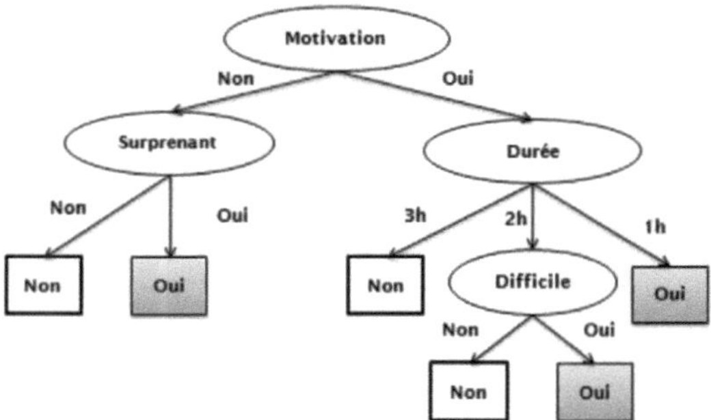

Figure I.2 – Un exemple d'un arbre de décision simple.

L'arbre de la figure I.2 décide si une présentation est intéressante ou non en fonction des valeurs discrètes des attributs {difficile, durée, motivation, surprenant}.

4.1.2 Les réseaux de neurones

Les réseaux de neurones ont montré depuis de nombreuses années de grandes capacités à résoudre des problèmes de classification pour le diagnostic des systèmes [17]. Le traitement parallèle et la distribution de l'information entre les neurones permettent d'avoir une grande robustesse et de diviser l'espace de données [16].

Les réseaux de neurones forment un modèle de calcul dont le fonctionnement vise à simuler le fonctionnement des neurones biologiques. Ils sont constitués d'un grand nombre d'unités (neurones) ayant chacune une petite livre locale et interconnectées par des canaux de communication qui transportent des données numériques. Ces unités peuvent uniquement agir sur leurs données locales et sur les entrées qu'elles reçoivent par leurs connections. Les réseaux de neurones sont capables de prédire de nouvelles observations (sur des variables spécifiques) à partir d'autres observations (soit les mêmes ou d'autres variables) après avoir exécuté un processus d'apprentissage sur des données existantes.

La phase d'apprentissage d'un réseau de neurones est un processus itératif permettant de régler les poids du réseau pour optimiser la prédiction des échantillons de données sur lesquelles l'apprentissage a été fait. Après la phase d'apprentissage, le réseau de neurones devient capable de se généraliser [18].

4.1.3 Les classificateurs bayésiens

Les classificateurs bayésiens sont des classificateurs statistiques. Ils peuvent prévoir des probabilités d'appartenance aux différentes classes, tel que la probabilité qu'un échantillon donné appartient à une classe particulière.

La classification bayésienne est basée sur le *théorème de Bayes*. Les études comparant des algorithmes de classification [19] ont trouvé un classificateur bayésien simple connu sous le nom de *classificateur bayésien naïf* aussi performant que les autres classificateurs : d'arbre de décision, réseau de neurones, etc.

Ces classificateurs bayésiens ont également montré de grande précision une fois appliqués même dans des grandes bases de données. Les classificateurs bayésiens naïfs supposent que l'effet d'une valeur d'attribut sur une classe donnée est indépendant des valeurs des autres attributs. Cette prétention s'appelle l'*indépendance conditionnelle de classe*. Elle est faite pour simplifier les calculs impliqués et, dans ce sens, il est considéré «naïf» [19].

Les réseaux bayésiens de croyance (belief) sont des modèles graphiques, qui à la différence des classificateurs bayésiens naïfs, permettent la représentation des dépendances parmi des sous-ensembles d'attributs. Des réseaux bayésiens belief peuvent également être employés pour la classification.

Le théorème de Bayes

Soient A, B et C trois événements. Le théorème (ou règle) de Bayes démontre que :

$$Pr[A|B,C] = \frac{Pr[B|A,C] \times Pr[A|C]}{Pr[B|C]}$$

Où :

- Pr[B|A,C] est la vraisemblance de l'événement B si A et C sont vérifiés ;
- Pr[A|C] est la probabilité à priori de l'événement A sachant C ;
- Pr[B|C] est la probabilité marginale de l'événement B sachant C ;

- Pr[A|B,C] est la probabilité à posteriori de *A* si *B* et *C*.

Dans cette formulation de la règle de Bayes, *C* joue le rôle de la connaissance.

4.1.4 Les machines à vecteurs de support

Les machines à vecteurs du support (MVS) nommées aussi *séparateurs à vastes marges* sont parmi les méthodes les plus robustes et précises des algorithmes de data mining [20]. Les MVS, qui ont été à l'origine développés par *Vapnik* dans les années 90, exigent seulement un petit échantillon d'apprentissage, et sont souvent peu sensibles aux dimensions de données [21] [22].

Cette méthode est idéale quand les frontières de classe sont non linéaires. L'idée de base est que quand les données sont tracées à une dimension plus élevée, les classes deviennent linéairement séparables. Le but est de trouver l'*hyperplan le plus épais* (avec la plus grande marge), qui sépare les classes.

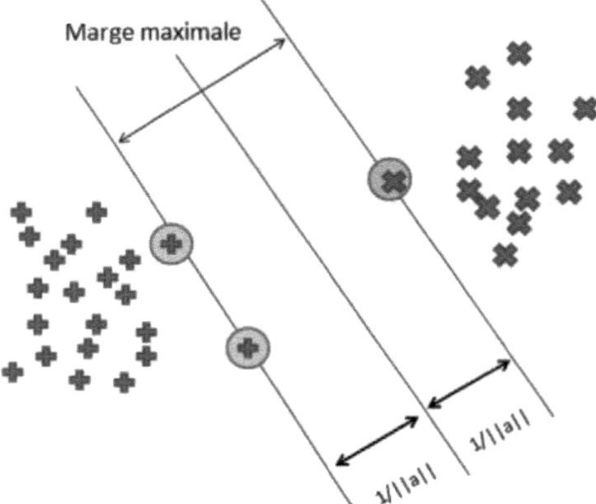

Figure I.3 – Les machines à vecteurs de support.

Les formules I.1 et I.2, présentent l'équation d'un hyperplan, et la distance à un hyperplan respectivement. Quand la marge optimale est déterminée, on sauvegarde le vecteur de support qui forme des points de repères qui définissent les frontières de classe (figure I.3).

$$h(x) = a_0 + a_1x_1 + ... + a_dx_d = 0 \tag{I.1}$$

$$D_i = h(x)/||a|| \tag{I.2}$$

Où $h(x) = a_0 + a_1x_1 + ... + a_dx_d$ et $||a||^2 = \sum(a_i)^2$

On impose une marge entre h(x)=1 et h(x)=-1 (après le réglage des paramètres $a_0, ..., a_d$), soit une marge de $2/||a||$.

L'avantage principal de MVS est qu'ils cherchent toujours l'optimum global [21], parce qu'il n'y a aucun optimum local en maximisant la marge. Un autre avantage est que la précision ne dépend pas de la dimensionnalité des données, cet avantage est important quand la frontière de classe est non linéaire. La plupart des autres paradigmes de classification produisent les modèles trop complexes pour ce type de frontières.

Cependant, les MVS ont la même restriction que les réseaux de neurones : les données devraient être numériques continues (ou quantifiées), le modèle n'est pas facilement interprétées, et la sélection des paramètres appropriés (particulièrement la fonction du noyau) peut être difficile [21].

4.1.5 Les K plus proches Voisins (K-Nearest Neighbors)

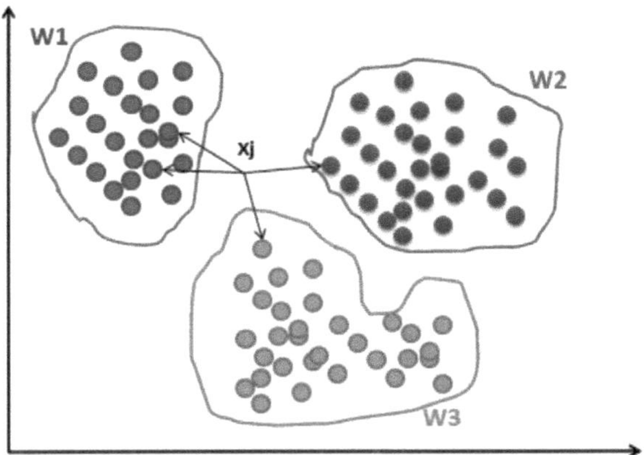

Figure I.4 – Les k plus proches voisins.

C'est une méthode de classification qui propose une analyse de similitude entre des données en utilisant la distance entre elles (figure I.4).

L'algorithme fait un calcul de distance entre tous les individus et chaque objet est classé dans le groupe où se trouvent ses K plus proches voisins. Quand on parle de voisin cela implique la notion de distance ou de dissimilarité [16]. La distance la plus populaire est la distance euclidienne :

$$D((x_1, x_2, ..., x_p), (u_1, u_2, ..., u_p)) = \sqrt{((x_1 - u_1))^2 + ((x_2 - u_2))^2 + ... + ((x_p - u_p))^2}$$

Contrairement aux autres méthodes de classification (arbres de décision, réseaux de neurones, etc.) l'algorithme KNN ne construit pas de modèle à partir d'un échantillon d'apprentissage, mais c'est l'échantillon d'apprentissage, la fonction de distance et la fonction de choix de la classe en fonction des classes des voisins les plus proches, qui constituent le modèle [23] [19].

4.1.6 La régression

L'analyse de régression comme la corrélation ont leur origine dans le travail du célèbre généticien *Francis Galton* (1822-1911). Dans les statistiques, l'analyse de régression signifie le modèle mathématique qui établit (concrètement, par l'équation de régression) le raccordement entre les valeurs d'une variable donnée (variable dépendante) et les valeurs d'autres variables (facteur prédictif/variables indépendantes). L'exemple le plus connu de la régression est peut-être l'identification du rapport entre la taille d'une personne et le poids, évaluant de ce fait un poids idéal pour une taille spécifique. L'analyse de régression se rapporte en principe :

- À la détermination d'un rapport quantitatif corrélation (liaison) entre des variables multiples ;
- Aux prévisions des valeurs d'une variable selon les valeurs d'autres variables (déterminant l'effet des «variables de facteur prédictif » sur la «variable dépendente») [22] .

4.2 Les techniques non supervisées

Les méthodes non supervisées construisent des modèles sans information à priori. Ces méthodes ont pour objectif d'assurer les tâches non supervisées : clustering, règles d'association, etc.

4.2.1 Techniques de classification non supervisées

Beaucoup de techniques de classification non supervisées ou clustering ont été proposées dans la littérature. Les algorithmes de clustering peuvent être classifiés selon la méthode adoptée pour définir des clusters en :

- Clustering par partitionnement (Partitional clustering)
- Clustering hiérarchique (Hierarchical clustering)
- Clustering basé sur la densité (Density-based clustering)
- Clustering basé sur les grilles (Grid-based clustering)

4.2.2 Clustering par partitionnement

Les techniques par partitionnement créent un partitionnement des points de données, d'un seul niveau. Si k est le nombre désiré de clusters, alors les approches par partitionnement trouvent typiquement tous les k clusters immédiatement.

Les techniques par partitionnement sont divisées en deux sous-catégories principales : les algorithmes basés sur les médoïdes et les algorithmes basés sur les centroïdes. Nous allons décrire les deux algorithmes les plus connus de chaque catégorie : *K-medoid* et *K-means*.

4.2.2.1 L'algorithme K-medoids Dans l'approche *K-medoids*, un cluster est représenté par un de ses points. Ce point représentatif est appelé *médoïde*, c'est un point qui est le plus placé au centre en tenant en compte quelques mesures, comme par exemple, la distance.

L'algorithme est conceptuellement simple. Il est décrit comme suit [24] :

1. Choisir K points initiaux. Ces points sont les médoïdes candidats qui sont destinés à être les points les plus centraux de leurs clusters.
2. Considérer l'effet de remplacement d'un des points choisis (médoïdes) avec un des points non choisis. Conceptuellement, ceci est fait de la façon suivante : On calcule la distance entre chaque point non choisi et le médoïde candidat le plus proche et après on calcule la somme de toutes les distances, cette somme représente le "coût" de la configuration actuelle. Tous les échanges possibles d'un point non choisi par un autre point déjà choisi sont considérés, et le coût de chaque configuration est calculé.
3. Choisir la configuration avec le coût le plus bas. Si c'est une nouvelle configuration, alors répéter l'étape 2.
4. Sinon, associer chaque point non choisi au point choisi le plus proche (médoïde) et arrêter.

Le $i^{ème}$ médoïde est calculé en utilisant P_{ij} où P_{ij}, est la proximité entre le $i^{ème}$ médoïde et le $j^{ème}$ point dans le cluster. Pour des similarités (dissimilarités) on veut que cette somme soit la plus grande (petite) possible.

Cette approche n'est pas limitée aux espaces euclidiens. En outre, l'utilisation de médoïdes pour définir des clusters rend cette méthode résistante contre les bruits dans les données mais la complexité temporelle est O $(k(m-k)^2)$ où m est le nombre de points du jeu de données [25].

4.2.2.2 L'algorithme K-moyenne(K-means) L'algorithme *k-moyenne* est le plus simple et le plus utilisé des algorithmes dédié à la tâche de clustering [25]. Il segmente les données en K groupes ou clusters de façon à ce que les données similaires soient dans le même groupe qui sont et les représentés par leurs centres ou moyens. Le centre de chaque groupe est calculé comme moyen de toutes les données appartenant à ce groupe. La démarche suivantes présente le pseudo-code de l'algorithme K-means (figure I.5).

1. Choisir k objets formant ainsi k clusters.
2. (Ré) affecter chaque objet O au cluster C_i de centre i tel que *distance (O,Mi)* est minimale.
3. Recalculer Mi de chaque cluster (le barycentre).
4. Aller à l'étape 2 s'il faut faire une affectation.

L'algorithme commence par un premier ensemble de centres de groupe, choisi au hasard ou selon un certain procédé heuristique. Dans chaque itération, chaque données ou instance est assigné à son centre de cluster le plus proche selon la distance euclidienne entre les deux. Puis recalculée à nouveau les centres.

Chaque cluster C_k contient n_k éléments et chaque élément appartient exactement à un et un seul cluster, donc $\sum n_k = N$. Le centre μ_k de chaque cluster est calculé comme moyen de toutes les instances appartenant à ce groupe :

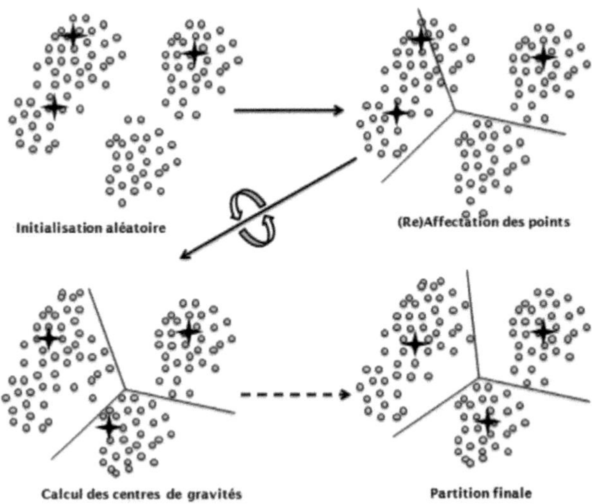

Figure I.5 – Principe de l'algorithme K-means

$$\mu_k = \frac{1}{N_k} \sum_{q=1}^{N_k} x_q$$

Un certain nombre d'états de convergence sont possibles. Par exemple, la recherche peut s'arrêter quand l'erreur de division n'est pas réduite par la relocalisation des centres. Ceci indique que le partitionnement actuel est localement optimal. D'autres critères d'arrêt comme le dépassement d'un nombre prédéfini d'itérations peuvent être aussi utilisés.

La complexité spatiale de *K-means* est *O (m*n)* où m est le nombre de points et n est le nombre d'attributs, tandis que sa complexité temporelle est *O(I*k*m*n)* où I est le nombre d'itérations exigées pour la convergence [26]. L'algorithme *K-means* est efficace et simple tant que le nombre de clusters est significativement moins que le nombre de points m.

La complexité linéaire de l'algorithme est l'une des raisons de la popularité du *K-means* par rapport à d'autres méthodes de groupement, par exemple méthodes de groupement hiérarchique qui ont une complexité non linéaire. Même si le nombre d'exemples est essentiellement grand (qui est souvent le cas de nos jours), cet algorithme est très efficace [27].

4.2.3 Clustering hiérarchique

Le clustering hiérarchique construit une hiérarchie de clusters, ou en d'autres termes, un arbre de clusters ou *dendrogramme*. Ce dendrogramme décrit l'ordre dans lequel les points sont fusionnés (vue de bas en haut) ou les clusters sont fractionnés (vue de haut en bas) [16] [28].

Il y a deux approches de base pour générer un clustering hiérarchique :
- *Agglomérative* : commence par des clusters d'un seul point (*singleton*) et fusionne récursivement deux ou plusieurs clusters les plus appropriés.
- *Divisive* : commence par un cluster de tous les points de données et fractionne récursivement le cluster le plus approprié.

4.2.4 Clustering basé sur la densité

Cette méthode de clustering est basée sur la notion de la densité. Son idée générale est d'accroitre le cluster tant que la densité (nombre d'objets ou de points de repères) dans le voisinage dépasse un certain seuil. Cela signifie que pour chaque point de repères dans un cluster donné, le voisinage d'un rayon donné doit contenir au moins un nombre minimum de points. Un des algorithmes les plus bien connus de cette catégorie est le *DBSCAN* [19].

4.2.5 Clustering basé sur les grilles

Le clustering basé sur les grilles divise l'espace en un nombre fini de cellules qui forment une structure de grille sur laquelle toutes les opérations pour groupement sont effectuées. L'avantage principal de l'approche est sa durée de transformation rapide, qui est typiquement indépendante de la quantité des données [29].

L'algorithme *STING* [30] est un exemple typique des algorithmes basés sur les grilles, les algorithmes *CLIQUE* [31] et *WaveCluster* [32] sont deux algorithmes de groupement qui se basent sur les grilles et la densité en même temps.

4.2.6 Règles d'association

L'extraction des règles d'association est sans doute une tâche «phare» [33] de data mining qui a attiré le plus l'attention des chercheurs et pour laquelle beaucoup de travaux ont été effectués. L'analyse du panier de la ménagère est l'une des applications typiques de l'extraction des règles d'association.

Une règle d'association de la forme $T1 \rightarrow T2$ où T1 et T2 sont des motifs. T1 est appelé la prémisse ou l'antécédent de la règle, et T2 est la conclusion ou le conséquent de la règle où $T1 \cap T2 = \phi$.

Cette technique permet la découverte de règles intelligibles et exploitables dans un ensemble de données volumineux, règles exprimant des associations et corrélations entre motifs ou attributs dans une base de données.

L'extraction des règles d'association se fait en général en deux étapes. La première consiste à extraire l'ensemble des itemsets fréquents (motifs fréquents), la deuxième génère des règles à partir de ces motifs.

Définition 1(Motif fréquent) : Soient $I = i_1, ..., i_m$ un ensemble de m items et $B = t_1, ..., t_n$ une base de données de n transactions. Chaque transaction est composée d'un sous-ensemble d'items $I' \in I$. Le sous-ensemble I' de taille k est appelé un *k-motif*. Une transaction t_i contient un motif I' si et seulement si $I' \in t2$. Le support d'un motif I' est la proportion de transactions de B qui contiennent I'. Le support est donné par la formule suivante [28].

$$Support(I') = \frac{|t \in B, I' \subseteq t|}{|t \in B|}$$

Un motif dont le support est supérieur ou égal au seuil minimal du support *minsup*, défini par l'utilisateur, est appelé *un motif fréquent*.

Définition 2 (Motif fréquent fermé) : Un motif fréquent fermé est un ensemble maximal de motifs communs à un ensemble d'objets. Un motif $I' \in I$ tel que $support(I') \geq minsup$ est appelé motif fréquent fermé.

Définition 3 (Motif maximal) : Un motif fréquent est dit maximal si tous ses sur-ensembles sont non fréquents. L'ensemble des motifs fréquents maximaux MFM est alors :

$$MFM = \{I' \subseteq I/(Sup(I') \geq minsup) \wedge (\nexists Y \subseteq I/Sup(Y) \geq minsup \wedge I' \subset Y)\}$$

4.2.7 Extraction des motifs fréquents

Cette section a pour objectif de présenter brièvement les principes de fonctionnement de quelques algorithmes d'extraction des motifs fréquents. La littérature fait état d'un nombre de plus en plus important.

Cependant, l'utilisateur se retrouve face a un très grand nombre des motifs fréquents, ce qui réduit considérablement, non seulement l'efficacité mais aussi l'utilité de la tâche. En effet, un grand nombre de motifs fréquents conduit à beaucoup de règles d'association, puisque à partir d'un seul *k-motif* fréquent on peut générer 2^k règles. Ceci impose à l'utilisateur de fouiller dans les règles pour trouver les règles les plus intéressantes.

C'est pourquoi, d'autres alternatives ont été proposées, notamment dans l'extraction des représentations condensées des motifs fréquents : la génération des motifs fermés et des motifs maximaux comme nous le verrons dans ce qui suit.

4.2.7.1 Génération des motifs fréquents Plusieurs algorithmes traitent le problème de la recherche des motifs fréquents. Nous citons, à titre d'exemple : Apriori [34], AprioriTID [35],

Partition [36], etc.

Algorithme 4.1: ALGORITHME APRIORI()

Nécessité :un support seuil(minsup) s
L_1 ←liste des items dont le support est > s
$i \leftarrow 1$
répéter
  $i \leftarrow i + 1$
  À partir de L_{i-1}, déterminer l'ensemble Ci des motifs fréquents candidats comprenant i items.
  Li ← ∅
  pour Tout élément e∈ Ci
    si support (e) > seuil
      Ajouter e à L_i
jusqu'à $Li \neq \emptyset$

4.2.7.1.1 ***Algorithme Apriori*** L'algorithme *Apriori* utilise une approche itérative par niveaux pour générer les motifs fréquents. Pour cela, le treillis des motifs est exploré en largeur d'abord.

Cet algorithme (Algorithme 4.1) effectue à chaque itération *k*, un passage dans la base de transactions afin de calculer le support de chaque *k-motif* dont le but est de retenir que les *k-motif* qui ont une valeur de support supérieur au seuil fixé.

4.2.7.2 Génération des motifs fréquents fermés L'utilisation des motifs fréquents fermés permet non seulement d'améliorer l'efficacité de l'extraction mais aussi de réduire considérablement le nombre de règles redondantes qui submergent les règles intéressantes. Trois principaux algorithmes ont été proposés pour l'extraction des motifs fermés : Close [25], Charm [37] et Closet [38]. Nous verrons dans ce qui suit les algorithmes Close [25] et Charm [37].

4.2.7.2.1 ***Algorithme Close*** L'algorithme *Close* [25] est un algorithme itératif d'extraction des motifs fréquents fermés. Il est basé sur la notion des motifs générateurs des motifs fermés. Les générateurs d'un motif fréquent fermé *f* sont les motifs minimaux *g*, au sens de l'inclusion, dont la fermeture est le motif *f*.

Ces motifs sont utilisés afin de construire un ensemble des motifs fermés candidats qui sont les fermetures des générateurs. Durant chaque itération *K* de *Close*, un ensemble de *k*-

générateurs candidats FFCk est considéré.

Algorithme 4.2: ALGORITHME CLOSE()

Notations :
FFCk : ensemble des k-groupes candidats des k-générateurs.
FFk : ensemble de k-groupes fréquents des k-générateurs (chaque élément possède 3 champs : générateur, fermture, support).
Sortie : Ensemble des motifs fréquents fermés FF
Procédure : Gen-Closure(FFCk,D)
FFCk.fermé = $\emptyset$;
FFCk.supports = 0
pour tout transaction t $\in D$
  G_0 = $Subset(FFCk.générateur, i([t]))$
  pour tout générateur g.générateur $\in G_0$
    si $g.fermé = \emptyset$;
      alors g.fermé= i([t])
      sinon g.fermé = g.fermé /i([t])
    g.support++
Retourne $\bigcup gFFCk|$g.fermé $\neq \emptyset$

Procédure : Gen-GeneratorFFk
FFCk+1.générateurs = Apriori-Gen(FFk.générateurs)
pour tout générateur g.générateur $\in FFCk+1$
  Sg=Subset (FFk.générateurs, g.générateur)
  pour tout s $\in Sg$
  si (g.générateur$\subseteq$ $S.fermé$)
    alors Supprimer g de FFC_{k+1}
Retourne $FFC_{k+1}j$ champs générateur initialisés.
principal
FFC1.générateurs= 1-motifs
pour (k = 1 ;FFC$_k$.$générateurs \neq \emptyset; k++$)
Gen-Closure(FFCk, D)
pour tout groupe candidat c $\in FFC_k$
si (c.support $\geq \alpha$)
  alors FF$_k$ = FF_kUc
FFC$_{k+1}$ = $Gen-Generator(FFk)$
Retourne FF = $\bigcup_K FF_K$

Chaque élément de cet ensemble est constitué de trois éléments : le *k-générateur* candidat, sa fermeture qui est un motif fermé candidat, et leur support.

À la fin de l'itération *K*, l'algorithme stocke un ensemble *FFk* contenant les *k-générateurs* fréquents, leur fermeture qui sont des motifs fréquents fermés et leur support.

L'algorithme commence par initialiser l'ensemble FFC1 des *1-générateurs* avec la liste des 1-motifs. Ensuite pour chaque itération K :

- La fermeture de chaque *k-générateurs* et son le support sont calculés,
- Pour chaque *k-générateurs* fréquent, sa fermeture et son support sont insérés dans l'ensemble des motifs fréquents fermés,
- Un ensemble de *(k+1)-générateurs* est construit en utilisant les *k-générateurs* fréquents de l'ensemble des motifs fréquents fermés .

À chaque itération, un parcours de l'ensemble des transactions D est effectué afin de déterminer les fermetures des générateurs et les supports des générateurs et de leur fermeture. Pour calculer la fermeture d'un motif, l'intersection de toutes les transactions dans lesquelles cet motif apparait est effectuée.

La procédure *Gen-Generator* génère d'abord les *(k+1)-générateurs* candidats en joignant les *k-générateurs* de *FFk* possédant les mêmes (k-1) premiers items. Les *(k+1)-générateurs* candidats qui sont soit peu fréquents, soit non minimaux sont ensuite supprimés. Ce sont les générateurs ayant au moins un sous-ensemble n'appartenant pas à *FFk*. La procédure *Apriori-Gen* est utilisée pour désigner la génération des motifs fréquents avec l'algorithme *Apriori*.

Enfin on supprime parmi les générateurs ceux dont la fermeture a été déjà calculée.

Un tel générateur est identifi car il est inclus dans la fermeture d'un k-générateur fréquent de FFk dont il est un sur-ensemble. L'algorithme Close est présenté dans (algorithme 4.2).

4.2.7.2.2 ***Algorithme Charm*** L'algorithme Charm[37] permet lui aussi de générer les motifs fréquents fermés. Il est composé de trois procédures (voir Algorithme 4.3) :

- **CHARM** : procédure qui sélectionne les concepts contenant un attribut et dont le support est supérieur à celui demandé par l'utilisateur. Ce travail revient à lire la base de données colonne par colonne.
- **CHARM-EXTEND** : Charm-extend a pour rôle de faire l'union d'objets deux à deux afin de générer de nouveaux concepts candidats (variable candidats dans l'algorithme). La procédure est appelée récursivement tant que le candidat généré ne correspond pas à un candidat valide.
- **CHARM-PROPERTY** : Cette procédure teste la validité des candidats qui sont générés par *Charm-extend* en vérifiant plusieurs propriétés. Si le candidat est valide, alors on l'ajoute à l'ensemble des fils(Pi).

4.2.7.3 Génération des motifs fréquents maximaux : Les algorithmes dédiés à l'extraction des motifs fréquents maximaux réalisent simultanément un parcours de bas en haut (recherche par niveaux) et de haut en bas (afin d'identifier rapidement les maximaux de grandes tailles) dans le treillis des motifs. Plusieurs algorithmes ont été proposés, parmi eux nous citons :

MaxMiner [39], Pincer Search [40], MaxEclat [41], MaxClique [42] et GenMax [43],etc.

Algorithme 4.3: ALGORITHME CHARM()

Procédure : CHARM
Entrées :Contexte K, supportMin
Sorties : *Concepts*
[P] $\leftarrow (g(Yi), Yi) : Yi \in I$ et $|Yi| = 1et|g(Yi)| \geq supportMin$;
CHARM-EXTEND([P],Concepts=$\emptyset$) ;
Retourner*Concepts*
Procédure : CHARM-EXTEND
Entrées : [P], Concepts
pour tout (Xi, f(Xi))$\in [P]$
[Pi] $\leftarrow \emptyset$([Pi]contiendra les futurs fils) ;
X$\leftarrow Xi$;
pour tout (Xj , f(Xj)) $\in [P]$avec $i > j$
X $\leftarrow X \cup Xi$;
Y = f(Xi) $\cap f(Xj)$;
CHARM-PROPERTY([P],[Pi])
Si [Pi] $\neq \emptyset$
alors CHARM-EXTEND([Pi], Concepts)
supprimer ([Pi]) ;
Concepts = Concepts $\cup X$;
Procédure : CHARM-PROPERTY
Entrées : [P], [Pi]
Si support(X) $\geq supportMin$ **alors**
Si g(Xi) = g(Xj)**alors**
supprimer Xj de [P] ;
remplacer les Xi par X ;
Sinon Si g(Xi) $\subset g(Xj)$ **alors**
remplacer les Xi par X ;
Sinon Si g(Xi) $\supset g(Xj)$ **alors**
supprimer les Xi de [P] ;
ajouter X $\times Y$à$[Pi]$;
Sinon Si g(Xi) $\neq g(Xj)$ **alors**
ajouter X $\times Y$à$[Pi]$;

4.2.8 Génération des règles d'association

Pour générer les règles d'association, on considère l'ensemble F des motifs fréquents trouvés dans la phase de génération des motifs fréquents. Pour chaque motif fréquent *l*, on considère tous ses sous-ensembles. À partir de ces sous-ensembles fréquents, on génère toutes les règles solides. La génération de règles d'association est beaucoup moins coûteuse que la recherche des motifs fréquents, car il n'est plus nécessaire de faire des parcours coûteux de la base de transactions.

5 Conclusion

Nous avons présenté dans ce chapitre le processus de l'ECD qui implique de nombreuses étapes avec beaucoup de décisions faites par l'utilisateur. Ce processus est constitué des phases : sélection de données, nettoyage et intégration des données, transformation de données, data mining, et l'interprétation et évaluation des résultats.

Nous avons identifié par la suite les différentes tâches de data mining où beaucoup de problèmes intellectuels, économiques ou même commerciaux sont exprimés en termes des ces tâches. Nous avons également montré les principales techniques de data mining. Pour chaque technique, le principe et les algorithmes utilisés sont présentés.

Nous décrivons dans le prochain chapitre, deux techniques largement utilisées pour la conception physique des entrepôts à savoir la fragmentation et l'indexation. Pour chaque technique, les problèmes de leurs sélection sont présentés ainsi que les travaux qui traitent ces problèmes.

Chapitre II

Fragmentation et indexation des entrepôts de données

1 Introduction

L'optimisation des performances de bases de données consiste principalement à sélectionner des structures physiques d'optimisation comme les index, vues matérialisées et la fragmentation. Ces structures jouent un rôle particulièrement important dans les systèmes d'aide à la décision comme les entrepôts de données, dans la mesure où elles réduisent le temps de réponse à des requêtes très souvent complexes. Dans ce chapitre, nous nous intéressons à la fragmentation horizontale et les index de jointure binaire. Nous détaillons leurs problèmes de sélection ainsi que les principaux travaux pour les résoudre. Dans la fin de ce chapitre, nous allons exposer les travaux de sélection multiple de la fragmentation horizontale et l'index de jointure binaire.

2 Fragmentation horizontale

La fragmentation horizontale est une technique d'optimisation non redondante du fait qu'elle ne réplique pas de données. Elle permet de faciliter la gestion et la mise à jour des données.

La fragmentation horizontale consiste à partitionner la table en plusieurs fragments, chacun de ces fragments est identifié par un sous ensemble de prédicats de sélection défini sur un ensemble d'attributs de fragmentation. Cette répartition de prédicats entre les fragments construit le schéma de fragmentation. Pour assurer que la fragmentation horizontale d'une table T en P fragments $(T_1, T_2, ..., T_p)$ soit valide, elle doit vérifier trois règles de correction : complétude, disjonction et reconstruction.

- *Complétude* : tous les n-uplets d'une relation sont associés à au moins un fragment.
- *Reconstruction* : en respectant cette règle, nous assurons la reconstitution de la table initiale avant la fragmentation à partir de l'ensemble des fragments (l'union des fragments constitue la table initiale)
- *Disjonction* : elle assure que les fragments d'une table sont disjoints deux à deux. Chaque tuple de la table doit appartenir à un seul fragment à la fois.

Il existe deux types de la fragmentation horizontale :

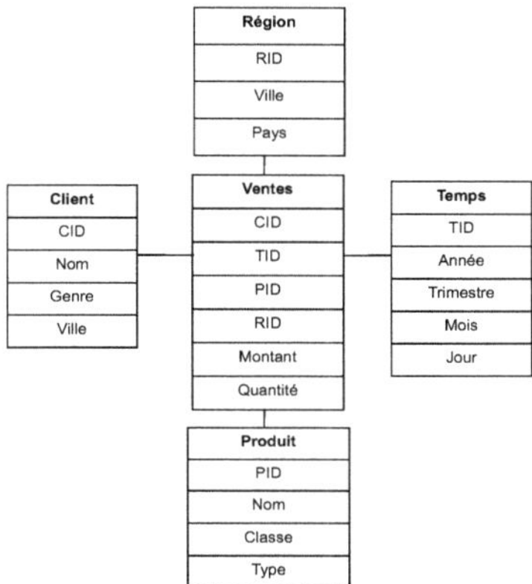

Figure II.1 – Schéma de l'entrepôt de données.

- La fragmentation horizontale primaire d'une table est définie en utilisant les prédicats de sélection définis sur cette table.
- La fragmentation horizontale dérivée exploite le lien de clé étrangère existant entre deux tables pour fragmenter l'une d'entre elles en fonction des fragments de l'autre. Par conséquent, la fragmentation horizontale dérivée d'une table se base sur les prédicats de sélection définis sur une autre table.

Exemple : Pour expliquer les deux types de la FH, nous considérons le schéma en étoile d'une activité de ventes (voir figure II.1). La table des faits *Ventes* est liée par des clés étrangères au tables de dimensions : Produit, Client, Région, Temps.

La figure II.2 illustre la fragmentation horizantale primaire de la table de dimension *Client* en deux fragments $Client1 = Client_{(Ville='Alger')}$ et $Client2 = Client_{(Ville='Ouargla')}$, la fragmentation dérivée de la table des faits *Ventes* s'effectue par la suite suivant ces deux fragments.

2.1 La fragmentation horizontale dans les entrepôts de données

La fragmentation horizontale dans les entrepôts de données représente un enjeu plus important que dans un contexte de bases de données relationnelles ou objet. Cette importance est due au choix des tables (de dimensions ou des faits) à fragmenter. Les choix possibles sont les suivants [44] :

1. Fragmenter seulement quelques tables de dimensions. Ce choix n'est pas souhaitable pour les requêtes décisionnelles, pour deux raisons : (i) les tailles des tables de dimensions sont généralement petites, (ii) les requêtes décisionnelles accèdent à la table des faits qui est très volumineuse. En conséquence, toute fragmentation ne prenant pas en considération

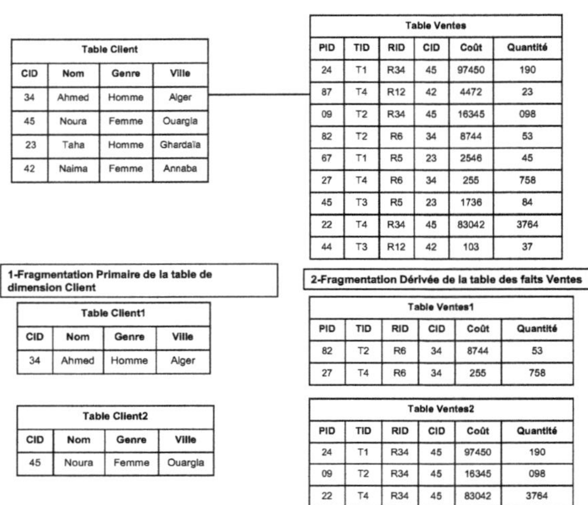

Table Client

CID	Nom	Genre	Ville
34	Ahmed	Homme	Alger
45	Noura	Femme	Ouargla
23	Taha	Homme	Ghardaïa
42	Naima	Femme	Annaba

Table Ventes

PID	TID	RID	CID	Coût	Quantité
24	T1	R34	45	97450	190
87	T4	R12	42	4472	23
09	T2	R34	45	16345	098
82	T2	R6	34	8744	53
67	T1	R5	23	2546	45
27	T4	R6	34	255	758
45	T3	R5	23	1736	84
22	T4	R34	45	83042	3764
44	T3	R12	42	103	37

1-Fragmentation Primaire de la table de dimension Client

Table Client1

CID	Nom	Genre	Ville
34	Ahmed	Homme	Alger

Table Client2

CID	Nom	Genre	Ville
45	Noura	Femme	Ouargla

2-Fragmentation Dérivée de la table des faits Ventes

Table Ventes1

PID	TID	RID	CID	Coût	Quantité
82	T2	R6	34	8744	53
27	T4	R6	34	255	758

Table Ventes2

PID	TID	RID	CID	Coût	Quantité
24	T1	R34	45	97450	190
09	T2	R34	45	16345	098
22	T4	R34	45	83042	3764

Figure II.2 – Exemple d'une fragmentation primaire et dérivée

la table des faits est à exclure.

2. Partitionner seulement la table des faits. La table des faits est composée des clés étrangères des tables de dimensions et des données brutes. Ces dernières représentent des mesures numériques, comme le montant des ventes, le nombre d'articles soldés, etc. Généralement, dans une requête décisionnelle, nous trouvons rarement des prédicats de sélection définis sur la table des faits. De plus, une requête décisionnelle typique commence par la sélection des critères selon lesquels s'effectuera l'analyse sur les tables de dimensions, puis s'orientera sur la valeur des indicateurs pour la sélection effectuée [43]. Ce choix est donc moins souhaitable pour le processus de fragmentation.
3. Fragmenter les tables de faits et dimension par une FH primaire. Pour la même raison que le scénario 2, les requêtes ne vont pas bénéficier d'une telle fragmentation de la table des faits.
4. Fragmenter totalement ou partiellement les tables de dimensions et utiliser leurs schémas de fragmentation pour partitionner la table des faits. Dans ce cas, la table des faits est alors partitionnée en utilisant la fragmentation dérivée. Ce choix est bien adapté aux entrepôts, car il prend en considération les exigences des requêtes décisionnelles, ainsi que les relations entre les tables de dimensions et la table des faits.

Soit un schéma en étoile de d tables de dimensions et une table des faits. Soit g ($g \leq d$) le nombre de tables de dimensions horizontalement fragmentées. Le nombre de fragments horizontaux (dénoté par N) de la table des faits est donné par l'équation suivante [45] :

$$N = \prod_{i=1}^{g} m_i \tag{II.1}$$

Où m_i représente le nombre de fragments de la table de dimensions D_i. D'après la formule (II.1), nous constatons que la fragmentation dérivée de la table des faits peut générer un très grand nombre de fragments et en conséquence beaucoup de sous-schémas en étoile.

2.2 Problème de sélection de FH

Le problème de sélection d'un schéma de fragmentation horizontale est formalisé comme suit : Étant donné :

- Une table T de N tuple
- Une charge de requêtes Q = $Q_1, Q_2, ..., Q_m$

Le problème de sélection d'un schéma de fragmentation horizontale consiste à partitionner T en P fragments horizontaux $T_1, T_2, ..., T_p$ tel que le coût d'exécution de la charge Q sur la table fragmentée est minimal [46].

Nous allons présenter dans les sections qui suivent, les travaux et les algorithmes qui traitent le problème de sélection du schéma de fragmentation horizontale proposés dans la littérature .

2.3 Algorithmes de sélection du schéma de FH

Les algorithmes proposés dans la littérature peuvent être classés en quatre catégories : (1) algorithmes basés sur les prédicats, (2) algorithmes basés sur l'affinité, (3) algorithmes basés sur un modèle de coût et (4) algorithmes basés sur la fouille de données.

Chaque algorithme prend en entrée la table à fragmenter, l'ensemble de requêtes les plus fréquentes ou un ensemble de prédicats de sélection, le résultat de ces algorithmes est un schéma de fragmentation horizontale de la table.

2.3.1 Algorithmes basés sur la minimalité et la complétude des prédicats

Avant de décrire cette approche quelques définitions s'imposent :

Définitions :

- Un prédicat simple p est pertinent relativement à un ensemble de prédicats simples P s'il existe un prédicat simple q tel que les fragments horizontaux définis par $(p \wedge q)$et $(p \wedge \neg q)$ soient accédés individuellement par au moins une application [5].
- Un ensemble de prédicats est dit *minimale* s'il ne contient que des prédicats pertinents.

Dans le contexte des bases de données répartis, Frank et al. [47] et Özsu et al. [48] ont proposé une méthode de fragmentation horizontale, quatre étapes principales caractérisent cette méthode :

1. *Regroupement des transactions* : cette phase consiste à regrouper dans une même classe, toutes les transactions de même nœud du système réparti. Une fréquence d'accès est associée à chaque transaction.
2. *Détermination d'un ensemble complet et minimal de prédicats avec l'algorithme COM-MIN* : à partir des transactions, l'algorithme *COM-MIN* [49] génère des prédicats complets et minimaux à partir de l'ensemble des prédicats simples. Cet algorithme procède en deux étapes. La première étape initialise l'ensemble des prédicats résultats avec un prédicat et sa négation, ce qui permet de fragmenter la table en deux fragments, chacun étant accédé par au moins une application. La seconde étape est itérative, elle permet d'ajouter tout nouveau prédicat qui partitionne chaque fragment existant en deux fragments. Durant cette étape, les prédicats non pertinents sont éliminés.
3. *Construire l'ensemble des minterms* : soit P= $p_1, p_2, ..., p_n$ un ensemble de prédicats simples, l'ensemble des minterms M est composé de la conjonction des prédicats de P, M est définit comme suit :

$$M = \{m_i / m_i = \wedge_{q_j \in EPCM} q_j{}^*, 1 \leq i \leq 2^n, 1 \leq j \leq n\} \qquad \text{(II.2)}$$

   Où $q_j^* = q_j$ ou bien $q_j^* = \neg q_j$ et *EPCM* présente l'ensemble des prédicats complet et minimale
4. *Réduire l'ensemble des minterms* : les minterms contradictoires sont éliminés.
5. *Générer les fragments* : pour chaque minterm m_i un fragment $T_i = \sigma_{mi}(T)$ est construit.

Ce type d'algorithmes basés sur la minimalité et la complétude des prédicats sont complexes. Pour N prédicats le nombre de minterms pouvant être générés est de 2^N.

2.3.2 Algorithmes à base d'affinités des prédicats

Les approches proposées dans ce type visent à réduire la complexité de l'approche basée sur les prédicats. Les travaux appartenant à cette catégorie [50] présentent une adaptation de l'algorithme d'affinité à base de regroupement binaire utilisé dans les travaux de Navathe [51] sur la fragmentation verticale (Figure II.3). Cette approche est composée de cinq étapes :

1. *Enumération des prédicats simples*,
2. *Construction de la matrice d'usage des prédicats* : la matrice d'usage est une matrice qui a pour lignes les requêtes de la charge et pour colonnes les prédicats simple. La j^{ieme} case d'une ligne i dans cette matrice est mise à 1 si la requête Q_i utilise le prédicat P_j, elle est mise à 0 sinon.
3. *Construction de la matrice d'affinité :* la matrice d'affinité est une matrice $m \times m$ où m est le nombre de prédicats. La j^{ieme} case d'une ligne i dans cette matrice contient l'affinité entre les deux prédicats P_i et P_j. L'affinité peut être : (i)numérique : utilisé dans les travaux de Navathe [51] et représente la somme des fréquences des requêtes accédant simultanément à chaque paire de prédicats, (ii) logique : utilisé dans Bellatreche [5], qui

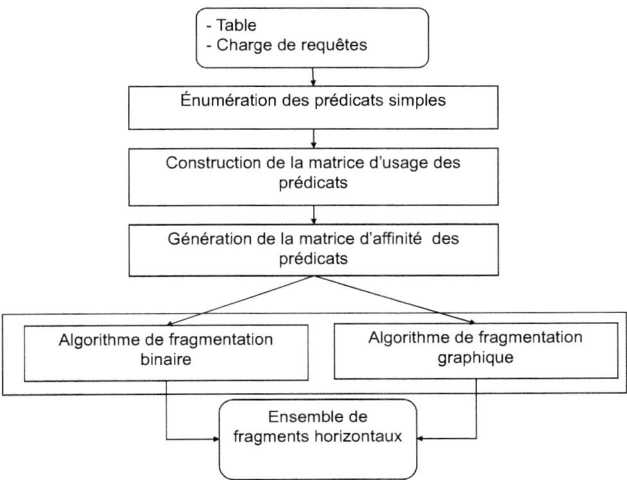

Figure II.3 – Approche basée sur l'affinité des prédicats.

peut être une implication($\Rightarrow$) indiquant que le prédicat P_i implique P_j et "*" qui indique qu'il y a une similarité entre P_i et P_j (définit sur le même attribut et ils ont un prédicat commun définit lui sur un autre attribut).

4. *Regroupement des prédicats* : pour regrouper les prédicats en sous ensembles de prédicats, deux algorithmes sont proposés. Le premier est l'algorithme de Zhang et al [49] a été inspiré de l'algorithme *BEA* [52]. Cet algorithme est appliqué sur la matrice d'affinités des prédicats pour générer un ensemble de semi-blocs diagonaux sur cette matrice. Le second algorithme proposé par Bellatreche [5] présente une adaptation de l'algorithme de regroupement graphique développé pour la fragmentation vertical [51]. Cet algorithme pend en entrée la matrice d'affinité et donne comme sortie des sous ensembles de prédicats, ces derniers sont obtenu suivant 4 étapes :
   - Construction d'un graphe complet où les nœuds et les arrêtes représentent les prédicats et les valeurs d'affinité respectivement,
   - Générer des cycles, où l'ensemble de prédicats de chaque cycle est nommée *composante*,
   - Optimiser les composantes par élimination des prédicats de chaque composante en utilisant les implications entre prédicats,
   - Éclater les composantes ne couvrant pas les attributs de fragmentation ce qui permet d'assurer que l'algorithme donne en sortie l'ensemble des composantes contenant chacune des prédicats définis sur tous les attributs de fragmentation,

- Générer des fragments horizontaux : dans les travaux de Zhang et al [50], chaque fragment est associé à un semi-bloc diagonal. Sur chaque fragment, les prédicats simples définis sur le même attribut seront liés par l'opérateur logique *OR* et ceux définis sur des attributs différents par l'opérateur AND. Un fragment supplémentaire est généré. Il est défini par négation de la disjonction des différents prédicats définissant chaque fragment.*Bellatrache* [5] a ajouté une dernière étape qui permet de générer un ensemble de fragments disjoints consiste à combiner les fragments non disjoints définit sur des clauses non mutuellement exclusives.

L'inconvénient des approches basées sur les prédicats et celles basées sur les affinités est qu'elles ne fournissent aucune métrique pour évaluer la qualité du schéma de fragmentation obtenu. Pour résoudre ce problème, une nouvelle approche basée sur un modèle de coût est apparue.

2.3.3 Algorithmes basés sur un modèle de coût

Dans ce type d'algorithmes, un modèle de coût est utilisé pour évaluer les schémas de fragmentations candidats. Cette approche est composée de trois étapes :

1. *La génération des schémas de fragmentation* : à partir de l'ensemble des prédicats, l'ensemble des minterms M est généré et chaque minterm génère un fragment. La combinaison de minterms de M permet de générer tous les schémas de fragmentation possibles.
2. *L'évaluation des schémas générés* : dans cette étape, un modèle de coût est utilisé pour évaluer le coût d'exécution (en termes de nombre d'entrées sorties) de l'ensemble de requête sur le schéma de fragmentation.
3. *La sélection du schéma de fragmentation quasi optimal* : le schéma de fragmentation quasi optimal ayant un coût minimum est sélectionné dans cette étape.

Dans cette approche, deux algorithmes sont proposés, le premier est un algorithme exhaustif, il permet de sélectionner le schéma optimal en évaluant tous les schémas de fragmentation possibles et sélectionner par la suite celui générant le coût minimum. Cette algorithme présente l'inconvénient d'une grande complexité par rapport au nombre de minterms.

Le second algorithme est un algorithme approximatif. Il permet de sélectionner le schéma quasi optimal en se basant sur l'utilisation de l'algorithme *Hill Climbing* qui permet à partir d'une solution initiale de l'améliorer d'une manière itérative. L'amélioration de cette solution se fait en utilisant deux opérations : *Split* pour l'éclatement d'un fragment et *Merge* pour fusionner deux fragments. L'algorithme *Hill Climbing* présente l'inconvénient qu'elle ne permet aucun contrôle sur le nombre de fragments générés.

Pour pallier ce problème, plusieurs travaux [53], [54], [55] et [56] sont proposés en se basant sur l'utilisation des méta-heuristiques : l'algorithme génétique, le recuit simulé, colonie des fourmis, etc. La principale caractéristique de cette approche est qu'elle permet le contrôle du nombre de fragments générés [46].

Nous allons présenter dans ce qui suit les détails sur les travaux basés sur le modèle de coût.

2.3.3.1 Travaux de Bellatreche et al. et Boukhalfa et al. Dans les travaux de [53], [54] et [55], les auteurs ont proposé une nouvelle approche basée sur un modèle de coût mathématique. Dans cette approche l'administrateur doit fixer le nombre de fragments maximum W. L'approche consiste initialement à fragmenter les dimensions avec une fragmentation horizontale primaire et puis une FH dérivé de la table des faits.

Nous allons présenter, dans ce qui suit, la formulation de problème de sélection du schéma de FH et le principe de modèle de coût utilisé. Nous exposons ensuite la démarche de fragmentation.

A) Formalisation du problème : les auteurs ont reformulé le problème de sélection du schéma de fragmentation de tel sorte qu'il prend en compte la contrainte de nombre de fragments faits autorisées (maximum) W :
Ètant donné :
- Q= Q_1,...,Q_m un ensemble de requêtes.
- F une table des faits et D= $d_1, ..., d_n$ n tables de dimensions.
- W le nombre de fragments de la table des faits fixé par l'administrateur.

Le problème de sélection d'un schéma de fragmentation consiste à fragmenter la table des faits F en N fragments selon des schémas de fragmentation des tables de dimension tel que :
- Le coût d'exécution des requêtes soit minimal.
- Le nombre de fragments de F ne doit pas dépasser le seuil W : $N \leq W$

B) Le modèle de coût : Le modèle de coût permet d'estimer le coût d'exécution des requêtes en termes de nombre d'accès disque (E/S) nécessaires pour le chargement des données. Les auteurs ont établi les hypothèses suivantes :
- La jointure par hachage pour calculer les jointures utilisé par les requêtes.
- L'utilisation de la technique de sélectivité minimum pour pallier le problème d'ordre de jointure connu comme *NP-Complet* [54].

Les paramètres utilisés dans ce modèle de coût sont classés en trois catégories :
- Les paramètres sur l'entrepôt de données comme la taille des tables, la taille d'un tuple, la taille des tables en pages systèmes nécessaires pour leur stockage.
- Les paramètres sur le système physique à savoir la taille de la page système.
- Les paramètres sur la charge de requêtes : les fréquences d'accès, les facteurs de sélectivité des prédicats de sélection, les facteurs de sélectivité des jointures.

C) Démarche de fragmentation : L'approche proposée par les auteurs consiste en premier lieu à fragmenter les tables de dimensions par la FH primaire puis une FH horizontale dérivée de la table des faits. La sélection d'un schéma de fragmentation passe par quatre étapes :
- *Préparation à la fragmentation* : elle consiste initialement à extraire les attributs de sélection issus d'une analyse syntaxique de la charge de requêtes. Une fois les attributs extraits, un découpage en sous-domaines des valeurs possibles des ces attributs est élaboré. Par la suite, une étape permet la génération des prédicats complets et minimales pour chaque table de dimension est faite.
- *Codage du schéma de fragmentation* : le codage adopté permet de représenter le schéma de fragmentation sous forme d'un tableau. Chaque ligne représente un attribut de sélection et ces sous-domaines. Chaque sous-domaine sera numéroté.(Voir figure II.4)

  Les domaines qui possèdent le même numéro vont être regroupés en un seul sous-domaine

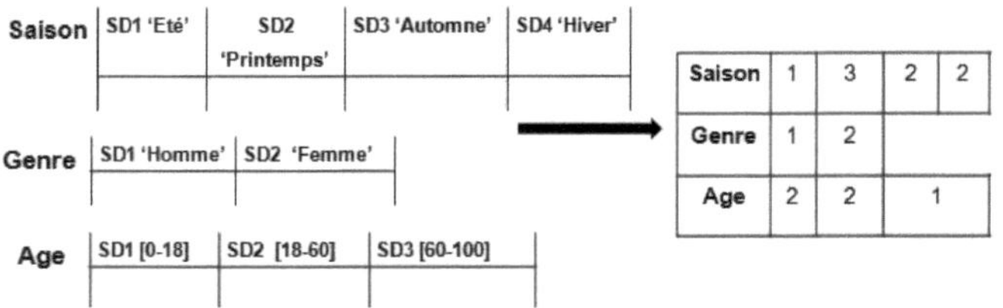

Figure II.4 – Codage du schéma de fragmentation.

ce qui permet de générer un nombre de fragments dimension inférieur au nombre de fragments de dimension maximum NFD=$\prod_i^N m_i$ où NFD représente le nombre de fragments de dimension pour une table de dimension D_k contenant N attributs de sélection ou chaque attributs est découpé en m_i sous-domaines.
Pour illustrer ce codage, nous considérons le découpage représenté dans la figure II.4. En tenant l'exemple l'attribut *Saison*, on trouve que son codage est décomposé de trois partitions P_1, P_2 et P_3 portant respectivement les numéros 1,2 et 3. P_1 contient le premier sous-domaine (été), P_2 contient le troisième et le quatrième sous-domaine (*automne* et *hiver*) et P_3 contient le deuxième sous-domaine (Printemps). Notons qu'une partition d'un domaine peut être définie par une disjonction de prédicats, par exemple, la deuxième partition de l'attribut Saison est définie par : P_2 :$((Saison = Automne) \vee (Saison = hiver))$
Puisque les tables Client et Temps ont été fragmentées en 3 et 4 fragments respectivement, la table des faits sera fragmentée en 12 partitions.
Pour matérialiser la fragmentation de l'entrepôt selon le codage représenté sur la figure II.4, l'administrateur exécute les deux commandes SQL suivantes pour créer les tables fragmentées *Client* et *Temps*.

```
Create Table Client
(CID NUMBER, Nom Varchar(20), Ville Varchar(20), Genre Varchar(20), Age Number)
Partition By Range(Age)
SubPartition BY List (Genre)
SubPartition TEMPLATE (SubPartition Female Values ('Femme'),
SubPartition Male Values ('Homme'))
(Partition Client_0-60 Values Less Than (61),
Partition Client_60-120 Values Less Than (MAXVALUE));
```

```
Create Table Temps(TID Number, Saison VAarchar(10), Année Number)
Partition By List(Saison)
(Partition Time_Summer Values('Été'),
Partition Time_Spring Values ('Printemps'),
Partition Time_Autumn_Winter Values ('Automne', 'Hiver'));
```

– *Génération de la solution initiale* : Les auteurs ont adapté à la FH, l'algorithme d'affinités où le regroupement ne se fait pas sur les prédicats mais sur les sous-domaines des attributs. Une affinité entre deux sous-domaines est la somme des fréquences d'accès des requêtes accédant simultanément à ces deux sous-domaines. La solution initiale est constituée de regroupement des ces prédicats.

- *Appliquer une heuristique* : La solution initiale est améliorée grâce à l'application des heuristiques Hill Climbing, Recuit simulé, Algorithme Génétique, Colonie de Fourmis. Les heuristiques Hill Climbing et Recuit simulé exploitent une solution à la fois et ils présentent l'inconvénient de la sélection d'un optimum local comme solution de fragmentation.
  L'algorithme génétique et les colonies de fourmis exploitent des populations de solutions (schémas de fragmentation). Ces populations sont améliorées de génération en génération en utilisant des opérateurs spécifiques ou génétiques. Une fois les schémas de fragmentation des dimensions sont trouvés, ils sont utilisés pour générer les fragments dérivés de la table des faits.

D) Implémentation de la FH sur l'entrepôt :

Afin d'implémenter leur approche, les auteurs ont utilisé le SGBD Oracle. Cependant, plusieurs problèmes sont liés à cette implémentation :

1. La fragmentation d'une table T sur trois attributs et plus n'est pas supportée par le SGBD Oracle ni par un autre SGBD. Ce qui signifie que, la fragmentation primaire des tables de dimension n'est pas possible si le schéma de fragmentation fragmente une table Di sur un nombre d'attributs plus que deux attributs.
2. La fragmentation dérivée d'une table T n'est possible sous Oracle que sur une seule table. Par contre, dans notre cas, une FH dérivée doit être effectuée entre la table de faits F et plusieurs tables de dimension. Cependant, le SGBD *Oracle* ne permet pas de fragmenter directement une table contenant déjà des données que lors de sa création. Il faut donc adapter la FH sous Oracle pour permettre la fragmentation des tables non vide.

Pour remédier ces problèmes, Boukhalfa dans [46] a développée une technique permettant d'implémenter la FH sur plusieurs attributs. Elle consiste à ajouter une nouvelle colonne Col_i dans la table de dimension D_i et remplir cette colonne selon le schéma de fragmentation de la table D_i. La colonne Col_i prend pour chaque tuple le numéro de fragment de dimension où il appartient. La table D_i sera fragmentée par liste des valeurs de la colonne Col_i. Le script ci-dessous permet de fragmenter par liste une table D_i, lors de sa création, selon les valeurs de la colonne Col_i.

```
CREATE TABLE Di
(Attribut_Di1 Type Contrainte,
Attribut_Di2 Type Contrainte,.., Attribut_Dim Type Contrainte)
PARTITION BY LIST(Coli)
(PARTITION Di1 VALUES (valeur_Coli1),
PARTITION Di2 VALUES (valeur_Coli2),
...............................................
PARTITION Din VALUES (valeurColin));
```

Où *valeur_Coli* présente une valeur de la colonne Col_i.

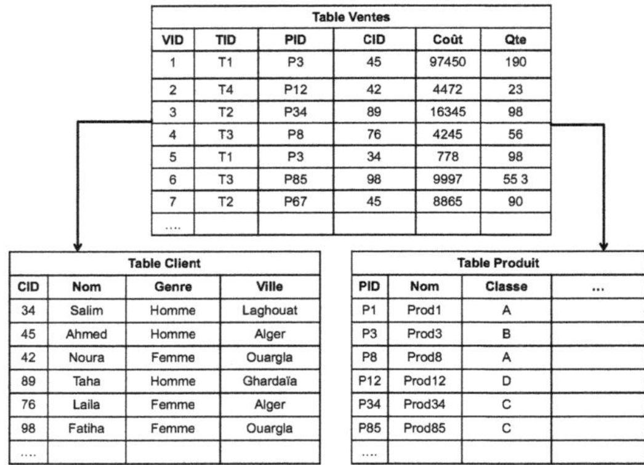

Table Ventes					
VID	TID	PID	CID	Coût	Qte
1	T1	P3	45	97450	190
2	T4	P12	42	4472	23
3	T2	P34	89	16345	98
4	T3	P8	76	4245	56
5	T1	P3	34	778	98
6	T3	P85	98	9997	55 3
7	T2	P67	45	8865	90
....					

Table Client			
CID	Nom	Genre	Ville
34	Salim	Homme	Laghouat
45	Ahmed	Homme	Alger
42	Noura	Femme	Ouargla
89	Taha	Homme	Ghardaïa
76	Laila	Femme	Alger
98	Fatiha	Femme	Ouargla
....			

Table Produit			
PID	Nom	Classe	...
P1	Prod1	A	
P3	Prod3	B	
P8	Prod8	A	
P12	Prod12	D	
P34	Prod34	C	
P85	Prod85	C	
....			

Figure II.5 – Schéma de l'entrepôt.

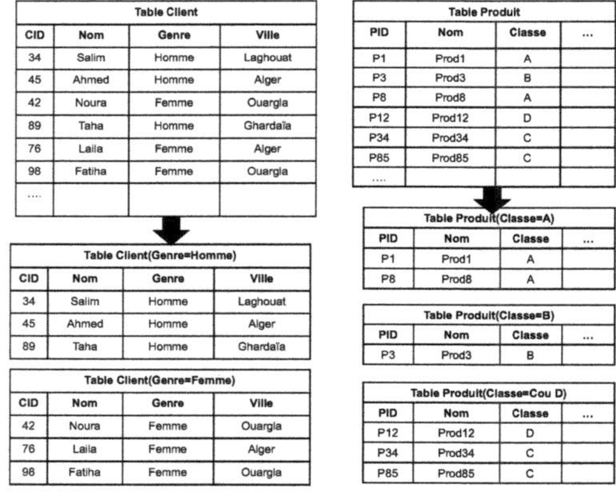

Table Client			
CID	Nom	Genre	Ville
34	Salim	Homme	Laghouat
45	Ahmed	Homme	Alger
42	Noura	Femme	Ouargla
89	Taha	Homme	Ghardaïa
76	Laila	Femme	Alger
98	Fatiha	Femme	Ouargla
....			

Table Client(Genre=Homme)			
CID	Nom	Genre	Ville
34	Salim	Homme	Laghouat
45	Ahmed	Homme	Alger
89	Taha	Homme	Ghardaïa

Table Client(Genre=Femme)			
CID	Nom	Genre	Ville
42	Noura	Femme	Ouargla
76	Laila	Femme	Alger
98	Fatiha	Femme	Ouargla

Table Produit			
PID	Nom	Classe	...
P1	Prod1	A	
P3	Prod3	B	
P8	Prod8	A	
P12	Prod12	D	
P34	Prod34	C	
P85	Prod85	C	
....			

Table Produit(Classe=A)			
PID	Nom	Classe	...
P1	Prod1	A	
P8	Prod8	A	

Table Produit(Classe=B)			
PID	Nom	Classe	...
P3	Prod3	B	

Table Produit(Classe=Cou D)			
PID	Nom	Classe	...
P12	Prod12	D	
P34	Prod34	C	
P85	Prod85	C	

Figure II.6 – fragmentation des tables Client et Produit.

Exemple :

Soit les tables de dimension *Client*, *Produit* de l'entrepôt représenté dans figure II.5. Supposons que nous fragmentons la table *Client* sur l'attribut *Genre* et la table *Produit* sur l'attribut *Classe* comme présenté dans la figure II.6.

Le remplissage de la colonne *Coli* pour les dimensions *Client* et *Produit* est présenté dans

Table Client				
CID	Nom	Genre	Ville	ColC
34	Salim	Homme	Laghouat	1
45	Ahmed	Homme	Alger	1
42	Noura	Femme	Ouargla	2
89	Taha	Homme	Ghardaïa	1
76	Laila	Femme	Alger	2
98	Fatiha	Femme	Ouargla	2
....				

Table Produit				
PID	Nom	Classe	...	ColP
P1	Prod1	A		1
P3	Prod3	B		2
P8	Prod8	A		1
P12	Prod12	D		3
P34	Prod34	C		3
P85	Prod85	C		3
....				

a) Ajout de la colonne *COLi* pour les tables Client et Produit

Table Ventes						
VID	TID	PID	CID	Coût	Qte	COLF
1	T1	P3	45	97450	190	1-2
2	T4	P12	42	4472	23	2-3
3	T2	P34	89	16345	98	1-3
4	T3	P8	76	4245	56	2-1
5	T1	P3	34	778	98	1-2
6	T3	P85	98	9997	553	2-3
7	T2	P68	45	8865	90	1-3
....						

b) Calcul de COLF pour la table Ventes

Figure II.7 – Ajout de la colonne COLi et COLF.

la figure II.7 (a) :

À partir des tables de dimension fragmentées, la FH dérivée aura lieu sur la table de faits, en ajoutant une nouvelle colonne nommée *COLF* à la table des faits. Cette colonne contient, pour chaque tuple, la concaténation des numéros de fragments de dimension présentés dans la colonne *Coli* auxquels appartient le tuple.

À ce niveau, les problèmes liés a l'implémentation de la fragmentation devient donc, à fragmenter les tables de dimensions par FH primaire suivant la colonne *Coli* et la FH dérivée de la table des faits selon *COLF*. Ces fragmentations sont bien supportées par *Oracle*.

Pour éviter la perte de données lors de la fragmentation de la table de faits, les auteurs [46] ont proposé de créer en premier temps une vue matérialisée temporaire VF contenant les instances de la table des faits et qui calcule la colonne *COLF*.

Le script permettant de créer la vue *VF* est formulé comme suit :

```
CREATE MATERIALIZED VIEW VF BUILD IMMEDIATE AS
SELECT V.CID, V.PID, V.Prix_Unit ColC ||'-'|| ColP || as COLF
FROM Ventes V, Client C, Produit P
WHERE V.PID=P.PID AND V.CID=C.CID
```

Un exemple de remplissage le la colonne COLF, à partir des colonnes *Coli* des dimensions *Client* et *Produit* est présenté dans la figure II.7(b). On donne l'exemple d'un sous schéma qui vérifie "Genre = F et Age < 30" et "Classe in (B,D)" :

Une fois la vue *VF* est crée, il faut supprimer la table des faits puis le re-créer à nouveau en spécifiant les partitions de cette table suivant le SF sélectionné. Nous chargeons la vue *VF* dans la table des faits fragmenté puis nous supprimons *VF*.

La création de la table des faits fragmenté est effectuée par les commandes SQL suivantes :

```
DROP TABLE TFait ;
CREATE TABLE TFait
(Attribut_fait1 Type Contrainte, Attribut_fait2 Type Contrainte,.., Attribut_faitm Type Contrainte)
PARTITION BY LIST(COLF)
(PARTITION TFait_1 VALUES (valeur_COLF1),
PARTITION TFait_2 VALUES (valeur_COLF2),
.....
PARTITION TFait_n VALUES (valeur_COLFn)) ;
```

2.3.3.2 Travaux de Barr et Bellatrache Les auteurs proposent d'utiliser les colonies de fourmis pour résoudre le problème de sélection du schéma de fragmentation horizontale [56]. L'approche proposée consiste à mapper le problème de sélection d'un schéma de fragmentation horizontale à un problème qui existe déjà et qui a fait l'objet de plusieurs sujets de recherche. D'où la possibilité d'exploiter tous les travaux de recherche menés pour résoudre le problème mappé afin d'aboutir à des résultats satisfaisants. Cette approche se distingue par le fait qu'elle n'applique pas directement d'un algorithme de résolution du problème de fragmentation horizontale mais en le transformer à un problème de sac à dos largement étudié dans la littérature. Ce problème consiste à remplir dans un sac des objets qui apportent un profit et que la somme des objets dans le sac ne dépasse pas le poids supporté par le sac.

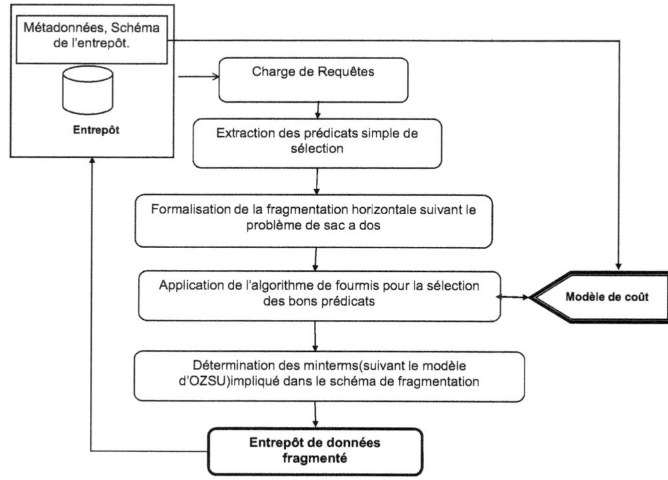

Figure II.8 – Architecture de l'approche de Barr et Bellatrache.

Les auteures ont considéré le nombre de pages disque nécessaires pour ramener toutes les lignes de la table des faits sélectionnés par un prédicat comme un poids et les prédicats qui vont participer au schéma de fragmentation comme objets à mettre dans le sac. La démarche proposée par les auteurs dont l'architecture générale est illustrée dans la figure II.8 suit les étapes suivantes :

1. Extraction des prédicats simples à partir de la charge de requêtes.
2. *Formalisation de la fragmentation horizontale suivant le problème de sac à dos* : le formalisme utilisé par les auteurs consiste à considérer les prédicats qui vont participer au schéma de fragmentation comme objets à mettre dans le sac et la quantité de allez et retour entre disque et la livre centrale comme poids des objets.
3. *Application de l'algorithme des colonies de fourmis pour la sélection des prédicats* : en exploitant un modèle de coût, la fonction objectif de cet algorithme vise à minimiser le nombre d'E/S de l'ensemble des prédicats extraits de la première étape. Les fourmis vont sélectionner les bons prédicats regroupés éventuellement en sous ensembles de prédicats de même attribut.
4. *Sélection du schéma de fragmentation final* : le schéma de fragmentation final est construit à partir des sous ensembles de prédicats choisis selon le modèle de ÖZSU [57]. Ce modèle consiste à appliquer la conjonction de plusieurs prédicats pour assurer la complétude du schéma de fragmentation.

2.3.4 Approches basées sur la fouille de données

Ces approches exploitent les algorithmes de fouilles de données et l'analyse intelligente des données pour sélectionner un schéma de fragmentation. Dans le contexte de la fragmentation horizontale, plusieurs travaux ont été développés en se basant sur la fouille de données. Nous pouvons citer les travaux de Mahboubi [1] où l'auteur a montré que son approche a fait ses preuves pour la sélection des structures de données aidant à améliorer les performances d'un système de gestion de bases de données.

2.3.4.1 Travaux de Mahboubi Dans les travaux de Mahboubi [1], l'auteur s'intéresse à la fragmentation horizontale des entrepôts de données XML afin de les répartir sur plusieurs sites. L'approche proposée est basée sur la technique de classification non supervisée ou clustering. Il a utilisé l'algorithme *K-means* [58] qui permet de contrôler le nombre de fragments à travers son paramètre K.

L'approche proposée par l'auteur comporte trois étapes (figure II.9)

- *Codage des prédicats de sélection de la charge* : Cette étape code les prédicats de sélection P de la charge de requêtes, dans une matrice binaire requêtes-prédicats Q_P qui représente le contexte de classification.
- *Classification des prédicats* : Les prédicats $pi \in P$ syntaxiquement similaires sont regroupés dans une même classe avec l'algorithme de classification non supervisée *K-means* [58] qui permet de fixer le nombre de classes et donc les fragments horizontaux construits à partir des prédicats pi. En pratique, les auteurs utilisent la classe Java *SimpleKMeans* du logiciel *Weka* [47] qui prend en entrée la matrice requêtes-prédicats et le paramètre k, elle fournit en sortie l'ensemble des classes de prédicats C.

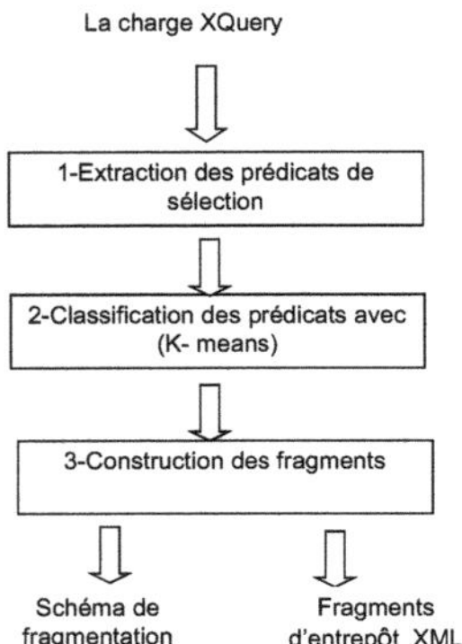

Figure II.9 – La démarchde de fragmentation horizontale proposée par Mahboubi [1].

- *Construction des fragments* : Cette étape est constituée de deux sous-étapes, une étape qui construit le schéma de fragmentation de l'entrepôt à partir de l'ensemble C et le document XML qui représente le schéma de l'entrepôt, et une autre qui génère les fragments grâce a un script *XQuery*.

3 Index de jointure binaire

La jointure entre deux tables est très coûteuse en temps d'exécution. L'index de jointure binaire a été proposé pour pré-calculer les jointures entre une ou plusieurs tables de dimension et la table des faits dans les entrepôts de données modélisés par un schéma en étoile [59].

Il peut être défini sur un ou plusieurs attributs appartenant à une ou plusieurs tables. Un bitmap représentant les n-uplets de la table des faits est créé pour chaque valeur distincte de l'attribut de la table dimension sur lequel l'index est construit.

Le $i^{ème}$ bit du bitmap est à 1 si le n-uplet correspondant à la valeur de l'attribut indexé peut être joint avec le n-uplet de rang i de la table des faits. Dans le cas contraire, le $i^{ème}$ bit est à 0.

Exemple : Pour comprendre la construction des index de jointure, considérons l'exemple de la figure II.10. Cette figure représente l'index de jointure binaire *IJB_Genre* construit sur la table *Ventes* en utilisant l'attribut *Genre*. Cet index peut être construit par la commande SQL suivante :

La syntaxe d'un index de jointure binaire est la suivante :

```
CREATE BITMAP INDEX <Nom_Index> ON <NomTable>(<col1>[,<col2>,...])
FROM <NomTable>,<NomTableJointe>
WHERE <JointureEntreLesTables> ;
```

Table Ventes					
VID	TID	RID	CID	Coût	Qte
1	T1	R3	45	97450	190
2	T4	R12	42	4472	23
3	T2	R34	89	16345	98

IJB_Genre	
Homme	Femme
1	0
0	1
1	0

Table Client			
ID	Nom	Genre	Ville
45	Ahmed	Homme	Alger
42	Noura	Femme	Ouargla
89	Taha	Homme	Ghardaïa

Figure II.10 – Exemple d'index de jointure binaire.

L'index *IJB_Genre* de la figure II.10 est créé alors par la commande SQL suivante :

```
CREATE BITMAP INDEX IJB_Genre
ON Ventes (Client.Genre)
FROM Ventes, Client
WHERE Ventes.CID=Client.ID.
```

3.1 Problème de sélection d'index

Le problème de sélection d'index consiste à trouver une configuration d'index optimisant le coût d'exécution d'une charge donnée. Cette optimisation est soumise à des contraintes, comme l'espace de stockage alloué aux index, le temps de maintenance.

Ce problème peut être formulé comme suit [8].
Ètant donné :
- I= $I_1, ..., I_n$ un ensemble d'index candidats (chaque index est munis d'une taille T_i).
- Q= $Q_1, ..., Q_m$ un ensemble de requêtes.
- S la taille de l'espace de stockage alloué aux index.

Alors il faut trouver une configuration d'index *ConfigI* tel que :
- Le coût d'exécution des requêtes soit minimal : Cost(Q,ConfigI)=Min(Cost(CI,Q)), où *CI* est une configuration d'index.
- L'espace alloué pour le stockage de ces index ne dépasse pas *S*.

Le problème de sélection d'index est *NP-Complet* [60]. De ce fait, il n'existe pas des algorithmes qui proposent une solution la solution optimale.

Dans cette section, nous présentons les principaux travaux de la littérature qui traitent le problème de sélection d'une configuration d'index dans le contexte des entrepôts de données.

3.2 Travaux de Aouiche

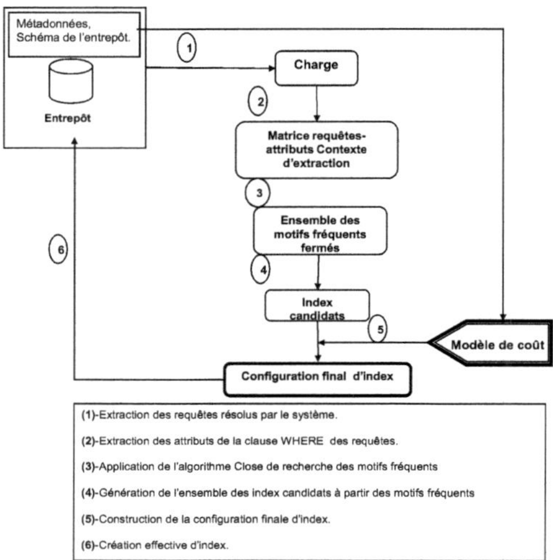

Figure II.11 – Architecture de la stratégie de sélection automatique d'index.

L'approche proposée par Aouiche dans [8] se base sur la technique de recherche des motifs fréquents fermés (section 4.2.7.2 chapitre I) pour élaguer l'espace de recherche des index de jointure. Un algorithme glouton est utilisé par la suite pour sélectionner la configuration d'index final parmi les index candidats.

3.2.1 Déroulement de l'approche

L'approche de sélection proposée (figure II.11) procède comme suit :

1. *Extraction de la charge des requêtes* : la charge est extraite à partir du journal des transactions des requêtes adressées au SGBD.
2. *Analyse de la charge* : une analyse syntaxique est effectuée pour extraire l'ensemble des attributs qui font l'objet de prédicats de sélection dans les clauses WHERE des requêtes.
3. *Construction du contexte de recherche des motifs fréquents* : le contexte d'extraction est représenté par une matrice requête-attributs qui a pour lignes les requêtes de la charge

Notification	Désignation
||X||	Nombre de tuples de la table X ou la cardinalité de l'attribut X
PS	Taille en octet dune page disque
|X|	Nombre de pages nécessaires pour stocker la table X
Spointeur	Taille en octet dun pointeur d'une page
w(A)	Taille en octets de l'attribut A
M	Ordre d'un B-arbre
D	Nombre bitmap utilisé pour une requête

Tableau II.1 – Notifications pour le modèle de coût IJB.

et pour colonnes les attributs à indexer. La $j^{éme}$ case d'une ligne i dans cette matrice est mise à 1 si la requête Q_i utilise l'attribut A_j, elle est mise à 0 sinon.

4. *Application de l'algorithme CLOSE* : l'algorithme CLOSE [25] est appliqué sur le contexte d'extraction afin d'extraire l'ensemble des motifs fréquents fermés. Chaque motif extrait est composé d'un ensemble d'attributs de l'entrepôt de données. Un motif possède la forme suivante : «$Table_1.Attribut_i, Table_2.Attribut_j, ..., Table_n.Attribut_k$».
5. *Construction de l'ensemble des index candidats* : cette étape consiste à construire les index à partir des motifs fréquents fermés puis la vérification si les attributs de ces motifs permettent la création des index dans l'entrepôt.
6. *Construction de la configuration d'index finale* : une fois l'ensemble les index candidats est créé, un algorithme glouton parcourt cet ensemble pour sélectionner les index les plus bénéfiques en se basant sur un modèle de coût. Le modèle de coût proposé par l'auteur est illustré dans la section 3.2.2. À la première itération, le coût de la charge de requêtes est équivalent au coût d'exécution des jointures par hachage présentées dans les requêtes. Suite à l'ajout d'un index, le coût est recalculé avec prise en compte des index.

3.2.2 Modèle de coût

Ce modèle estime l'espace occupé par les index bitmap de jointure en octets, les coûts d'accès aux données à travers ces index en terme de nombre d'entrées/sorties ainsi que le coût de jointure dans le cas ou les index sont utilisés totalement ou partiellement par la requête. Le Tableau II.1 résume les notations adoptées dans l'élaboration de modèle de coût.

3.2.2.1 Coût de stockage d'un IJB Les index bitmap de jointure sont construits sur des attributs des tables dimensions, chaque bitmap contient autant de bits que les n-uplets de la table de faits F. Chaque IJB stocke pour chaque n-uplet de la table des faits son identificateur de ligne (*RowID*). L'espace de stockage d'un IJB dépend de deux paramètres : le nombre de n-uplets de la table des de faits et la cardinalité des attributs indexables. Soit un index I défini sur n attributs A1,A2,...,An. L'espace de stockage en octets de I est calculé par la formule suivante :

$$Taille(I) = \frac{(|RowID| + \sum_{j=0}^{n}(||Aj||) \times ||F||)}{8}$$

3.2.2.2 Coût d'accès aux données L'auteur a utilisé le modèle de coût pour estimer le nombre d'entrées/sorties nécessaires pour accéder aux données. Il a supposé que l'accès aux bitmaps de l'index se fait à travers un B-arbre comme c'est le cas dans le SGBD *Oracle*, dont les nœuds feuilles pointent vers les bitmaps. Le coût d'utilisation des index bitmap de jointure en terme d'entrées/sorties pour évaluer une requête d'interrogation peut être écrit comme suit : $C = C_{descente} + C_{parcours} + C_{lecture}$,

1. **Le coût de descente** ($C_{descente}$) Le terme $C_{descente}$ désigne le coût de descente du B-arbre de la racine jusqu'aux nœuds feuilles. Le coût de descente du B-arbre dépend de sa hauteur. La hauteur d'un B-arbre construit sur un attribut A est $log_m||A||$, où m désigne l'ordre du B-arbre. Cet ordre est égal à K + 1, où K représente le nombre de clés de recherche dans chaque nœud du B-arbre. Le nombre K est égal à :

$$K = \frac{PS}{w(A) + Spointeur}$$

2. **Coût de parcourt($C_{parcours}$)**
$C_{parcours}$ dénote le coût de parcours des nœuds feuilles afin de trouver les clés de recherche correspondantes et le coût de lecture des bitmaps associés, le coût de parcours des nœuds feuilles est $\frac{||A||}{m-1}$(au pire, tous les nœuds feuilles sont lus).

$$C_{parcours} = \frac{||A||}{m-1} + d\frac{||F||}{8PS}$$

3. **Coût de lecture** ($C_{lecture}$) Le $C_{lecture}$ donne le coût de lecture des n-uplets de la table indexée. L'accès aux données est réalisé via les bits mis à 1 de chaque bitmap. Dans ce cas, il faut lire chaque bitmap. Le coût de lecture de d bitmaps est : $d\frac{||F||}{8PS}$. Ainsi, le coût de parcours des nœuds feuilles est :
Le nombre de tuples faits accédés par d bitmap est $Nt = d\frac{||F||}{|A|}$, le nombre d'entrée/sortie nécessaires pour lire N_t tuples fait est égale à :$|F|(1 - e^{\frac{-N_t}{|F|}})$

En résumé, le coût d'évaluation d'une requête exploitant un index bitmap de jointure est :

$$Coût(IJB) = log_m||A|| - 1 + \frac{||A||}{m-1} + d\frac{||F||}{8PS} + |F|(1 - e^{\frac{-N_t}{|F|}})$$

3.2.2.3 Coût de jointure Dans le cas où les index bitmap de jointure ne sont pas utilisés pour évaluer une requête, l'auteur a supposé que les jointures sont réalisées par hachage. Le nombre d'entrées/sorties nécessaires pour joindre les tables R et S est alors $C_{hachage} = 3$ (|R| +|S|), où |T| présente le nombre de page disque nécessaires pour stocker la table T.

3.3 Travaux de Belletrache et al

Les travaux de Bellatreche et al dans [61] ont montré à travers un exemple que la fréquence d'accès seule ne permet pas de sélectionner un ensemble d'index efficace. En effet, les index de jointure binaires sont crées pour optimiser des jointures entre la table des faits et les tables de dimension. L'approche de Aouiche [8] peut éliminer des index sur des attributs non fréquemment utilisés mais qui appartiennent à des tables de dimension volumineuses, ce qui empêche l'optimisation de l'opération de jointure. Pour pallier ce problème, les auteurs proposent d'inclure d'autres paramètres dans la génération des motifs fréquents comme la taille des tables de dimension, la taille de la page système, etc. Les auteurs proposent les algorithmes DynaClose [61], et DynaCharm [61] qui sont des adaptations des algorithmes Close [25]et Charm [37] respectivement.

L'approche proposée suit les étapes suivantes :

1. *Générer les attributs candidats* : Le contexte d'extraction est crée comme l'approche de *Aouiche*. Par la suite, les motifs fréquents fermés sont générés par les algorithmes DynaClose et DynaCharm qui utilisent une nouvelle métrique appelée *Fitness*. Cette métrique utilise, en plus de la fréquence, les tailles des tables. Elle est définit sur les attributs non clés du motif comme suit :

   $$Fitness(x) = \frac{1}{n} + \sum_{i=1}^{n} sup_i \times \alpha_i$$

   Où n est le nombre d'attributs non clés du motif, sup_i est le support de A_i et $\alpha_i = \frac{|D_j|}{d}$ où |Dj| et |F| représente le nombre de page de la table dimension qui contient A_i et de la table des faits respectivement. Tout comme pour les supports, un seuil *minfit* est définit par :

   $$minfit = \frac{minsup}{|F|} + |\sum_{i=1}^{d}(\frac{|D_j|}{d})|$$

2. *Réduction de l'espace de recherche* : une fois les motifs sont extraits, il faut en éliminer ceux présentant une anomalie pouvant empêcher la création de l'IJB tout comme pour les travaux de *Aouiche*. De plus, il faut contrôler les attributs de chaque motif, pour cela il existe deux cas de figures : (1) Chaque motif ayant tous les attributs non clés définis sur une même table dimension doit avoir uniquement deux attributs clés, une clé dimension et la clé étrangère de fait correspondante. (2) Chaque motif ayant les attributs non clés sur K tables de dimension doit avoir 2k clés : K clés dimension et K clés étrangères de la table des faits correspondantes.

3. *Sélection de la configuration finale d'index* : à partir des motifs, les attributs indexables sont récupérés dans un ensemble CA. Un algorithme glouton exploite cet ensemble sous une contrainte d'espace afin de générer les index finaux. Cet algorithme se base sur un modèle de coût pour définir la fonction objectif afin d'estimer l'exécution de la charge de requête et le coût de stockage de l'index. À chaque itération, l'attribut de plus faible cardinalité est choisit jusqu'à la saturation de l'espace de stockage, l'épuisement de CA ou de stabilité de la fonction objectif.

3.4 Travaux de Boukhalfa

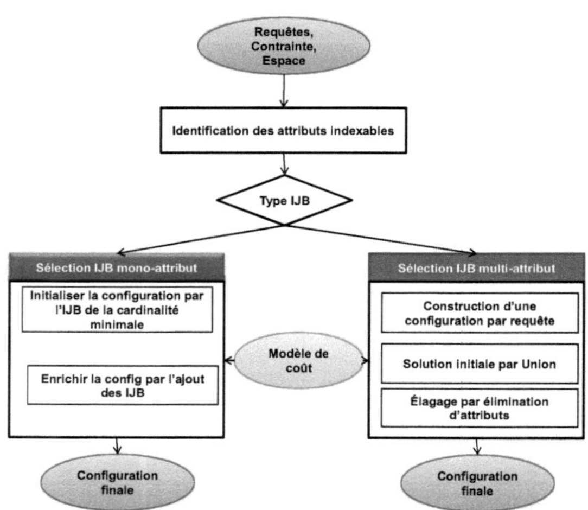

Figure II.12 – Architecture de l'approche de sélection d'IJB de Boukhalfa et al.

Les auteurs ont propsé dans leur approche [62] deux démarches de sélection d'une configuration d'IJB. La première sélectionne une configuration d'index mono-attributs et la deuxième un ensemble d'index multi-attributs. L'architecture générale de cette approche est représentée dans la figure II.12.

1. La sélection d'une configuration d'index mono-attributs se déroule en deux étapes :
   - *Identification des attributs indexables candidats* : à partir des attributs de sélection extraits de la charge, ils choisissent les attributs de moyennes et faibles cardinalité.
   - *Sélection de la configuration d'IJB* : la configuration d'IJB est sélectionnée à l'aide d'un algorithme glouton en se basant sur un modèle de coût. L'algorithme choisit itérativement une configuration d'index mono-attribut en commençant par la sélection de l'IJB défini sur l'attribut de la plus faible cardinalité. L'algorithme s'arrête si aucune amélioration n'est possible et/où l'espace de stockage est consommé.
2. Pour sélectionner une configuration d'IJB multi-attributs l'auteur a proposé la démarche suivante :
   - *Identification des attributs indexables candidats* : Identique a la première étape de la démarche de sélection des index mono-attributs.

- *Construction d'une configuration par requête* : dans cette étape, la sélection d'une configuration d'IJB par requête couvrant tous les attributs indexables de la requête est effectuée.
- *Construction d'une configuration initiale* : cette configuration est construite en effectuant l'union des IJB obtenus de l'étape précédente. Cette configuration est bénéfique pour la totalité des requêtes de la charge.
- *Construction d'une configuration finale* : la configuration finale est obtenue en effectuant des améliorations itératives sur la configuration initiale. Elle doit satisfaire la contrainte de stockage S alloué aux IJB. Dans le cas où la taille de la configuration initiale d'IJB est inférieure à S, la configuration va être automatiquement choisie comme configuration finale. Cepenadant, plusieurs stratégies peuvent être suivies pour effectuer les améliorations sur la configuration initiale par l'élimination des attributs : (1) de forte cadinalité,(2) appartenant aux tables moins volumineuses,(3) les moins utilisés(4) apportant moins de réduction de coût,etc.

3.5 Travaux de Bouchakri

Bouchakri dans [6] a proposé un algorithme génétique (voir algorithme 3.1) pour la sélection des IJB mono-attribut. Ce type d'IJB pourrait être intéressant pour des applications d'entreposage invoquant des requêtes ayant une seule opération de sélection définie sur un attribut de faible cardinalité.

Algorithme 3.1: ALGORITHME GÉNÉTIQUE POUR SÉLECTION D'IJB()

Entrée
A, S, ED : les paramètres du modèle de coût (taille de table, de page système etc.)
Sortie : Configuration finale Cf

Notations :
ChromosomeIJB :chromosome de configuration d'index candidats
P0 :Population initiale de chromosomes
FitnessIJB :Fonction objectif pour le génétique
Genetic_GetBestSolution :Recherche d'une configuration optimale d'index, guidée par modèle de coût

Début
ChromosomeIJB=*Generer_Configuration_Index(A) ;*
P0= *Genetic_Population(ChromosomeIJB) ;*
FitnessIJB = *Genetic_FitnessFonction(A,S,ED) ;*
Cf=*Genetic_GetBestSolution(P,FitnessIJB) ;*
Fin

L'approche proposée est constituée des 3 étapes suivantes :

- *Codage de la configuration d'IJB* : dans ce codage, l'auteur a présenté chaque configuration d'IJB par un chromosome. Ce dernier est représenté par un tableau de longueur K où K représente la cardinalité de l'ensemble des attributs indexables A= $A_1, A_2, .., A_k$. La i^{ieme} case vaut à 1 de tableau si l'IJB utilise l'attribut de l'indice i, 0 sinon.
- *Sélection des index candidats avec l'algorithme génétique* : l'AG prend en entrée l'ensemble des attributs indexables, puis il génère aléatoirement une population initiale contenant plusieurs chromosomes. En appliquant les opérateurs génétiques (croisement, mutation et la sélection) le chromosome avec la meilleur valeur de la fonction objectif sera sélectionné. La fonction objectif utilisée est guidée par le modèle de coût de Aouiche dans [8]. Elle est exprimée par le coût d'exécution de la charge Q à la présence de la configuration d'IJB dénoter par $Cost(Q, Config_{IJB})$, et un fonction $Pen(Config_{IJB})$ pénalisant le chromosome (configuration d'IJB) violant la contrainte d'espace S alloué aux IJB.

$$Pen(Config_{IJB}) = \frac{Storage(Config_{IJB})}{S}$$

  Où $Storage(Config_{IJB})$ est la fonction calculant l'espace de stockage occupé par la configuration d'IJB $Config_{IJB}$
- *Sélection de la configuration finale* : à l'aide d'un algorithme glouton, la configuration finale sera sélectionnée. Cet algorithme prend en entrée l'ensemble d'IJB sélectionnée par l'AG de l'étape précédente. Le déroulement l'algorithme glouton est présenté dans algorithme 3.2

Algorithme 3.2: ALGORITHME GLOUTON POUR LA SÉLECTION D'IJB()

Variables
$IJBi$:IJB défini sur l'attribut Ai.
$Size(IJBj)$:Coût de stockage d'IJBj
$Coût(Q, \emptyset)$:Coût d'exécution de Q avant indexation.
$Coût(Q, ConfigIJB)$:Coût d'exécution de Q à la présence de ConfigIJB.
Amin :Attribut qui génére l'IJB avec la petite taille(IJBmin)
Entrée Charge Q, IJB_candidats, Espace de stockage S.
Sortie Configuration finale ConfigIJB.
$ConfigIJB \leftarrow IJBmin$;
$S \leftarrow S - Size(IJBmin)$;
IJB_candidats ←IJB_candidats-{Amin};
tant que ((Size(ConfigIJB) < S))
  pour (chaque Aj ∈ *IJB_candidats*)
    si ((*Coût*(Q,ConfigIJB ∪*IJBj*)<Coût(Q,ConfigIJB)) Et
        ((*Size*(ConfigIJB ∪*IJBj*)<S)))
      $ConfigIJB$ =ConfigIJB ∪*IJBj*;
      $Size(ConfigIJB) = Size(ConfigIJB) + Size(IJBj)$;
      IJB_candidats= IJB_candidats - Aj ;

3.6 Travaux de Ziani et al. (I)

Ziani et al dans [63] ont proposé l'exploitation des motifs fréquents maximaux pour pallier le problème du nombre important des motifs générés par la technique des motifs fréquents fermés. Les motifs fréquents maximaux (section 4.2.7.3 chapitre I) sont moins nombreux que les motifs fréquents fermés ce qui réduit l'espace de recherche des index candidats.
En plus, un motif fréquent maximal a la particularité que tous ses sur-ensembles sont non fréquents. Cette particularité va permettre de générer des index moins nombreux et plus pertinents.

L'approche proposée par les auteurs est constituée des étapes suivantes :

1. Sélection d'une charge de requêtes ;
2. Structuration des attributs indexables contenus dans la charge sous forme d'une base transactionnelle ou les requêtes représentent les transactions et les attributs représentent les motifs. Ceci représente le contexte d'extraction des motifs fréquents maximaux ;
3. Génération des index candidats par l'algorithme *fpmax* [64].
4. Comparaison des temps de réponses de l'exécution des requêtes sans index puis avec les index générés par l'implémentation de *FPmax*.
5. Comparaison des temps de réponses de l'exécution des requêtes sans index puis avec les index générés par l'implémentation de *FPmax*.

3.7 Travaux de Necir

L'approche de Necir [65] se base sur l'extraction de motifs fréquents maximaux(MFM) pour la sélection d'IJB. Cette approche prend en compte d'autres paramètres que la fréquence de motif et respect les propriétés monotone de la contrainte de génération de MFM. Elle passe par les étapes suivantes :

1. *Construction de contexte d'extraction* : regroupe les trois premières étapes de l'approche de Aouiche(section 3.2).
2. *Génération des MFM (motifs fréquents maximaux)* : pour la génération des MFM, l'auteur a proposé un nouveau algorithme nommé *BJiMax* inspiré de l'algorithme GenMax [66]. L'algorithme *BJiMax* se base sur l'utilisation une nouvelle métrique appelée *weight*. Cette dernière pénalise les MFM avec la petite valeur de profit comme suit :

$$Weight = \frac{sup(X)}{n} \times \left[\sum_{i=1}^{n} profit(A_i)\right]$$

Où n, sup(X) représente respectivement le nombre d'attributs et le support du motif X. La fonction profit est définit par :

$$profit(A_i) = \frac{T_i \times LT}{PS}$$

Où ||Ti||, LT et PS représente respectivement le nombre de tuple de la table *T*, longueur de tuple et la taille de la page. L'auteur a définit un nouveau seuil *MinWeight* calculé par la formule suivante : $MinWeight = MinSup \times Minprofit$

tel que : Minprofit, Minusup représentent respectivement le profit minimale et le support minimale pour la génération des MFM.

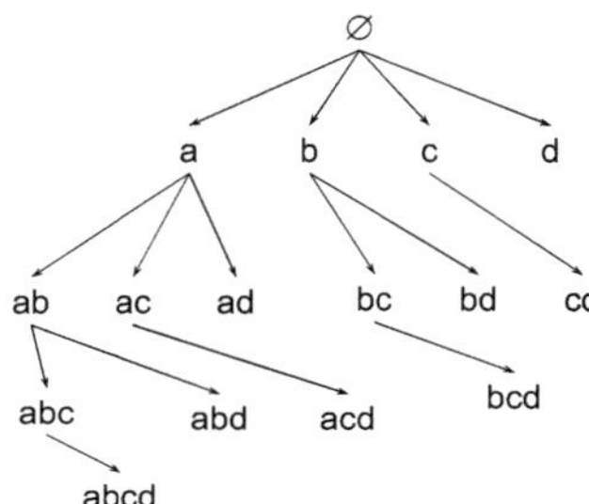

Figure II.13 – Exemple d'une arbre SET.

3. *Principe de l'algorithme BJiMax* : L'algorithme se base sur la recherche en profondeur d'abord dans un arbre SET (set enumeration tree) [67]. La figure II.13 présente un exemple d'un arbre SET construit à partir d'un ensemble I={a, b, c, d}. L'arbre généré par l'algorithme *BJiMax* est construit par ordre décroissant de la valeur du profit, le profit d'un motif $S = i_1 i_2 ... i_m$ est inférieure où égale à la valeur du profit de ses préfix S'= $i_1 i_2 ... i_k$ où $k \leq m$. En fonction de la valeur profit, la métrique *Weight* respecte donc une fonction anti-monotonie. Cependant, deux propriétés sont vérifiées :
   - Un MFM n'est pas valide si un de ses préfix n'est pas valide.
   - Si un MFM vérifie la contrainte *Weight* alors tous ses préfix la vérifie.
4. *Sélection des index candidats* : À partir de l'ensemble des MFM générés de la phase précédente, que les MFM qui peuvent générer des IJB valide sont sélectionnés.
5. *Sélection de la configuration finale* : Pour sélectionner la configuration finale d'IJB, l'auteur a utilisé un algorithme glouton guidé par un modèle de coût mathématique inspiré de celui proposé par [8]. L'algorithme se déroule en deux étapes. Dans le première, tous les IJB qui ne respectent pas la contrainte S de l'espace de stockage sont éliminés. Dans la seconde, l'algorithme commence par une configuration contenant l'IJB qui offre plus de bénéfice, puis il améliore itérativement la configuration initiale jusqu'à ce qu'aucun réduction du coût n'est possible ou la taille de la configuration dépasse la contrainte S.

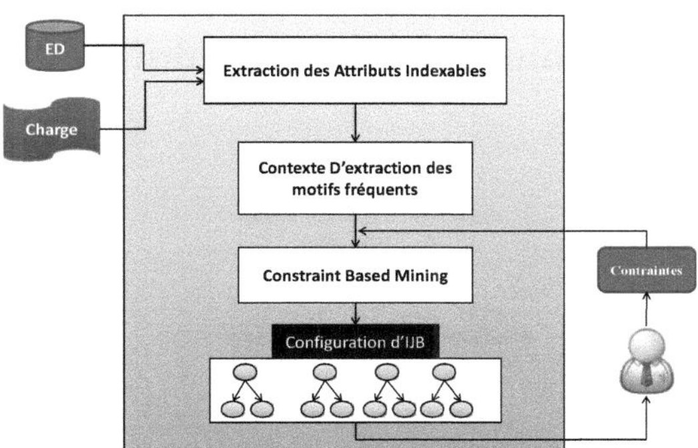

Figure II.14 – Démarche de sélection d'IJB proposée par [2].

3.8 Travaux de Ziani et al (II)

L'approche proposée par Ziani et al [2] consiste à considérer un ensemble des contraintes durant le processus de sélection. Les auteurs sont intéressés par les quatre contraintes suivantes : le support minimal pour la génération des motifs fréquents, le nombre d'attribut dans les index générés, la cardinalité de l'attribut et la taille des tables de dimension. l'architecture de cette approche est schématisée dans figure II.14

Formellement, l'approche suppose pour un ensemble d'attributs indexables A=A1,...,An, un contexte d'extraction des motifs fréquents D et une charge de requêtes Q, un ensemble C={C1,...,Ck} des contraintes.

Le problème de sélection d'IJB consiste alors a sélectionner l'ensemble des motifs fréquents qui satisfait l'ensemble C tel que : $\{I \subset A | C1(I) \wedge ... \wedge Ck(I)\}$.

L'approche se déroule en deux étapes :

1. Extraction des attributs indexables à partir du contexte d'extraction des motifs fréquents.
2. Sélection des IJB a base des contraintes en respectant le choix de l'administrateur.

L'approche se distingue par rapport aux approches existantes par le fait que la sélection des IJB s'effectue en une seul étape incluant l'expertise de l'administrateur pour sélectionner les index. Dans leur travail, aucun algorithme glouton n'est utilisé pour sélectionner la configuration finale d'index.

Afin d'établir leur travail, les auteurs ont utilisé l'outil MUSIC-dfs(**M**ining with a **U**ser-**S**pecif**I**ed **C**onstraint, **D**epth-**F**irst **S**earch) [68].

Avec cet outil, l'administrateur peut développer itérativement des contraintes complexes, en intégrant différents types de connaissances. Les auteurs ont montré qu'ils ont des bons résultats en utilisant les contraintes : support minimal et la cardinalité de l'attribut.

4 La sélection multiple des techniques d'optimisation

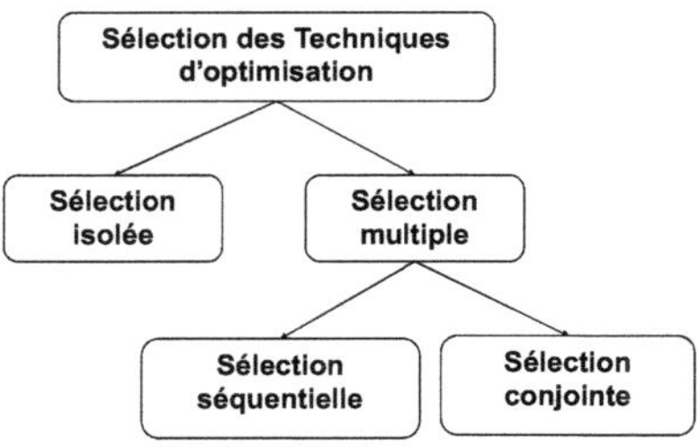

Figure II.15 – Modes de sélection des techniques d'optimisation.

La sélection multiple des techniques d'optimisation consiste à sélectionner un ensemble de techniques d'optimisation qui peuvent être toutes redondantes, toutes non redondantes, ou mixtes pour satisfaire une charge de requêtes. Il y deux type de sélection multiple [46] (voir figure II.15) :

- *Sélection séquentielle* : les techniques d'optimisation sont sélectionnées l'une après l'autre d'une manière indépendante. Les avantages de ce type de sélection est la simplicité et la possibilité d'implémenter chaque sous problème par un module indépendamment des autres [69]. Ce qui facilite l'ajout de nouveaux modules implémentant de nouvelles techniques d'optimisation. L'inconvénient majeur de cette sélection est l'ignorance des interdépendances entre les techniques d'optimisation.
- *Sélection conjointe* : les techniques d'optimisation sont sélectionnées en même temps. Cette sélection n'est possible que pour les techniques ayant une forte similarité comme les vues matérialisées et les index. L'avantage de cette sélection est la prise en compte des interdépendances entre ces techniques.L'inconvénient majeur de cette approche est sa complexité, car l'espace de recherche augmente de manière combinatoire [69] en fonction du nombre important des combinaisons possibles. Ainsi, les problèmes de sélection de chaque technique sont connus comme des problèmes *NP-Complet* et leur combinaison ne fait qu'augmenter la complexité du problème.

Dans ce qui suit, nous formalisons le problème de sélection multiple des techniques d'optimisation suivis par les principaux travaux proposés dans la littérature pour résoudre ce problème ainsi que les similarités qui existent entre ces techniques. Nous conclurons ce chapitre par une synthèse des travaux proposés.

4.1 Problème de sélection multiple des techniques d'optimisation

Le problème de sélection multiple des techniques d'optimisation peut être formulé comme un problème d'optimisation comme suit : Étant donné :

- Une charge de requêtes Q = $Q_1, Q_2, ..., Q_m$ où chaque requête Q_j possède une fréquence d'accès f_j ;
- Des contraintes C = $C_1, C_2, ..., C_p$ qui peuvent représenter le temps de maintenance, l'espace disque pour les techniques redondantes ou le nombre de fragments générés pour le cas de la fragmentation horizontale.

Le problème de sélection multiple des techniques d'optimisation consiste alors à sélectionner un ensemble de techniques TO selon les préférences de l'administrateur tels que :
- Le coût d'exécution de la charge Q en présence de l'ensemble de techniques sélectionnées soit réduit ;
- Les contraintes appartenant à C soient vérifiées.

Pour résoudre ce problème, plusieurs travaux ont été proposés. Nous montrons dans ce qui suit les principaux travaux qui traitent ce problème en tenant compte les similarités entre les techniques.

4.2 Sélection multiple de FH et IJB

La fragmentation horizontale et les IJB sont concurrentes sur un sous ensemble important d'attributs de sélection extraits de la charge de requêtes [6]. La répartition de ces attributs doit satisfaire le problème global de la sélection multiple des deux structures qui est formalisé comme suit :
- Q= $Q_1, ..., Q_m$ une charge de requêtes.
- AS= $A_1, ..., A_n$ les attributs de sélection extraits à partir de Q.
- S espace de stockage des index.
- W le nombre de fragment maximum.

Le problème de la sélection multiple (PSM) consiste à répartir les attributs de sélection entre FH et IJB tel que : (1) La sélection des deux techniques permet de réduire le coût d'exécution des requêtes. (2) L'espace réservée aux index ne dépasse pas S. (3) Le nombre de fragments faits ne dépasse pas W.

La résolution du PSM consiste d'abord à partager les attributs entre les deux structures, ensuite à lancer les algorithmes de sélection avec leurs attributs. Un partage à priori des attributs de sélection entre les structures réduit la complexité des deux problèmes.

Nous présentons dans ce qui suit, les similarités qui existent entre la FH et IJB suivis par les principaux travaux qui traitent le problème de leur sélection multiple.

4.2.1 Similarités entre la FHD et IJB

Les deux techniques IJB et FH drivée sont similaires pour plusieurs raisons [46] :

1. *Amélioration des performances* : elles permettent la réduction de temps d'exécution des requêtes en réduisant le volume de données chargées.
2. *L'optimisation de la sélection et de la jointure* : elles pré-calculent les opérations de jointure entre la table des faits et les tables de dimension.
3. *Partage des attributs de sélection* : elles partagent l'ensemble des attributs de sélection.

4.2.2 Travaux de Boukhalfa et al.

Les auteurs ont proposé [7] une approche de sélection combinée séquentielle entre fragmentation horizontale et index de jointure binaire selon les étapes suivantes.

1. Sélectionner un schéma de FH sur l'ensemble des attributs candidats.
2. *Identifier les requêtes non bénéficiaires* : pour identifier les requêtes bénéficiaires de processus de sélection de schéma de fragmentation, l'administrateur doit fixer un seuil $\gamma \in [0, 1]$. Cependant, pour quantifier la réduction du coût après l'optimisation, ils ont utilisé une métrique appelée taux de réduction (TR). Ce taux est défini pour chaque requête Q_j comme suit :

$$TR(Q_j) = \frac{Cost(Q_j, \text{avant optimisation}) - Cost(Qj, \text{aprés optimisation})}{Cost(Q_j, \text{avant optimisation})}$$

   Notons que lorsque $TR(Qj) \geq \gamma$ la requête est bénéficiaire du processus d'optimisation. Par contre, si $TR(Qj) < \gamma$, la requête n'est pas bénéficiaire.
3. Déterminer les attributs candidats à l'indexation extrait à partir des requêtes non bénéficiaires. Les auteurs privilégient les attributs à faibles cardinalité.
4. Sélectionner un ensemble d'IJB sur l'entrepôt fragmenté en utilisant les algorithmes de sélection d'IJB.

4.2.3 Travaux de Bouchakri

L'approche proposée par Bouchakri [6] consiste à utiliser l'algorithme du clustering (k-means) pour la répartition des attributs entre index et fragmentation. Après l'opération du clustering, les structures d'optimisation doivent être sélectionnées à l'aide d'un module de sélection.

La démarche de sélection proposée suit les étapes suivantes :

1. *Extraction des attributs de sélection* : cette étape a pour but l'analyse syntaxique de la charge de requêtes puis l'extraction des attributs de la table de dimension qui font l'objet de prédicats de sélection dans les clauses *WHERE* des requêtes.
2. *Classification des attributs de sélection* : l'auteur propose d'utiliser l'algorithme *K-means* pour partager les attributs extraits en deux classes (Classe_IJB,Classe_FH), une pour l'index et l'autre pour la fragmentation horizentale.

Notification	Désignation
P	Prédicat de sélection
/T/	Nombre de page nécessaire pour stocker la table T
//T//	Nombre de n-uplets de la table T
Sel(P)	Facteur de sélectivité de prédicat P
PS	Taille de la page système
L	Longueur de tuple

Tableau II.2 – Paramètres du modèle de coût pour FH.

3. *Sélection d'un schéma de fragmentation* : le schéma de fragmentation est sélectionné par un module de sélection à base d'algorithme génétique. Il prend en entrée les attributs de $Classe\_FH$ et il sélectionne un schéma de FH à l'aide d'un algorithme génétique guidé par un modèle de coût et une contrainte du nombre de fragments maximum W.
4. *Sélection des index de jointure binaire* : cette étape consiste a sélectionner les IJB les plus bénéfiques, parmi les attributs de la Classe_IJB, par un module de sélection d'index basé sur l'algorithme génétique.
5. *Implémenter les structures sélectionnées sur l'entrepôt de données* : Après avoir la configuration finale des structures d'optimisation, la FH primaire est réalisée sur les tables de dimension suivie par la FH dérivée de la table des faits. Par la suite les index de jointure binaires sont implémentés localement sur les fragments faits générés.

Pour la sélection multiple de FH et IJB, l'auteur a utilisé deux modèles de coût. Le premier modèle pour la sélection d'IJB est celui proposé par de Aouiche [8] (voir section 3.2). Pour la sélection de FH, l'auteur est inspirée principalement de modèle de coût proposé par [70]. Ce modèle est illustré dans la section suivante.

4.2.3.1 Modèle de coût pour la sélection de FH soit un entrepôt de données modélisé en étoile avec une table de faits F et k table de dimensions D1,...Dk. La fragmentation de l'entrepôt donne N sous schéma en étoiles S1,...,SN. Le tableau II.2 résume les notations adoptées dans l'élaboration de modèle de coût.

Soit une requête Qi à exécuter sur l'entrepôt, le coût d'exécution de l'ensemble des requêtes d'une charge donnée Q présente la somme des coûts d'exécution des requêtes de la charge sur le schéma de fragmentation SF.

$$Coût(Q, SF) = \sum_{i=1}^{|Q|} Coût(Qi, SF)$$

1. **Coût d'exécution d'une requête sur un schéma de fragmentation :** Le coût d'exécution d'une requête Qi sur le schéma de fragmentation SF représente la somme des coûts d'exécution de cette même requête sur l'ensemble des sous-schémas SHi du schéma SF, le coût est calculé comme suit :

$$Coût(Qi, SF) = \sum_{i=1}^{N} Coût(Q, SHi)$$

2. **Coût d'exécution d'une requête sur un sous-schéma de fragmentation :**Le coût d'exécution d'une requête Qi sur un sous-schéma de fragmentation SHi est donnée par :

$$Coût(Qi, SHi) = Valide(Qi, SHi) \times [3 \times (\prod_{j=1}^{Mi} Sel(PF_j) \times |F| + \sum_{k=1}^{d} \prod_{j=1}^{Li} Sel(PM_j) \times |Dk|)]$$

Tel que :
- *Valide (Qi,SHi)* : est une fonction booléenne pour identifier les sous-schémas valides pour la requête Qi. Un sous-schéma valide est un sous-schéma où le fragment fait est accédé par la requête sur au moins un tuple. La fonction valide (Q,SHi) est définie comme suit :

$$Valide(Qi, SHi) = \begin{cases} 1 & \text{Si SHi est valide pour Qi} \\ 0 & \text{Sinon} \end{cases}$$

- PF_j : représente l'ensemble de Mi prédicats de sélection spécifiant le fragment de la table des faits de sous-schéma SHi,
- PM_j : représente l'ensemble de Li prédicats de sélection spécifiant également les fragments de dimension de la table D_k.
- $|Q|$: représente le nombre de requêtes de la charge Q.

4.3 Sélection de la fragmentation horizontale, les index et le traitement parallèle

Les travaux de Stohr et al. [71] proposent une approche de construction et d'exploitation d'un entrepôt de données sur une machine parallèle en appliquant la méthode de fragmentation *Hiérarchique Multidimensionnelle.* Cette méthode consiste à fragmenter la table des faits par la FH dérivée sur les attributs de dimension. Chaque table de dimension est fragmentée virtuellement en mode intervalle (*Range partitioning*) sur des attributs appartenant à des niveaux plus bas de la hiérarchie. Les tables de dimensions et leurs index (B-arbre) sont répliquées sur chaque disque de la machine parallèle. Pour accélérer les requêtes, des index de jointure en étoile entre les tables de dimension et la table des faits sur des attributs appartenant à des niveaux plus hauts de la hiérarchie sont définis.

5 Conclusion

Nous avons présenté dans ce chapitre l'état de l'art sur les travaux de recherche qui traitent le problème de sélection de la fragmentation horizontale et d'index de jointure binaire. Les travaux effectués sur la sélection combinée de FH et IJB se basent sur le partage des attributs pour déterminer quel attribut est meilleur pour quelle technique. Nous pensons qu'une classification des requêtes pourrait être intéressante du fait que certaines requêtes sont mieux optimisées par une technique plutôt qu'une autre. Nous présentons dans le chapitre suivant notre approche de sélection de FH et IJB basée sur la classification des requêtes.

Chapitre III

Approche basée sur les techniques de fouille de données pour la sélection conjointe d'IJB et FH

1 Introduction

Nous avons présenté dans le précédent chapitre, un état de l'art des travaux dans la littérature qui traitent les problèmes de sélection de la fragmentation horizontale (une technique non redondante) et les index de jointure binaire (une technique redondante). Ces deux techniques sont similaires (Section 4.2.1 chapitre II) du fait qu'elles optimisent les opérations de sélection et de jointure. La fragmentation horizontale primaire des tables de dimension et la dérivée de la table des faits optimisent les sélections et les jointures, respectivement. Les index de jointure binaire optimisent de leurs tours les jointures et les sélections.

L'approche de sélection de FH et IJB que nous avons proposé exploite le fait que la sélection des techniques d'optimisation vise à optimiser un ensemble de requêtes. Cependant, les travaux existant se basent sur les attributs de sélection(partage, affinité des prédicats sur les attributs,etc) et non pas les requêtes.

Notre approche de sélection consiste à partager l'ensemble des requêtes de la charge entre les deux techniques FH et IJB. Cela permettra d'optimiser un sous ensemble de requêtes par chaque technique. Cela permet de réduire la taille de la charge de requêtes en entrée pour les deux techniques, et par conséquent élaguer l'espace de recherche ainsi que la complexité des problèmes de sélection connus comme *NP-Complet* [46]. Le partage de l'ensemble des requêtes est effectué en utilisant l'algorithme de data mining *k-means* [58].

Une fois la sélection de la configuration d'IJB(ConfigIJB) ainsi que le schéma de FH(SF) est faite, nous proposons une amélioration des résultats obtenus, en appliquant un autre processus de sélection visant à optimiser les requêtes dites non bénéficiaires. Une requête R est non bénéficiaire, si la réduction de coût qu'elle représente ne dépasse pas un seuil λ fixé par l'administrateur.

Le principe d'amélioration ou d'affinement des résultats d'optimisation que nous avons proposé consiste à sélectionner une configuration d'IJB supplémentaire CI avec les attributs non utilisés dans le processus de sélection de *ConfigIJB*, dont le but est d'optimiser les requêtes non bénéficiaires de la sélection de SF. La configuration d'IJB finale présente l'union de *ConfigIJB* et *CI*.

Nous exposons dans les sections qui suivent les points essentiels de l'approche proposée.

Nous commençons par présenter les raisons qui nous a motivés pour proposer cette nouvelle approche. Nous formalisons par la suite le problème de sélection combinée des techniques IJB et FH ainsi que la démarche de sélection de notre approche.

2 Motivation

Nous nous intéressons dans ce livre à la mise en œuvre d'une nouvelle approche de sélection combinée d'un schéma de FH et d'une configuration d'IJB, cela pour les motivations suivantes :

1. La plupart des travaux existant proposent des approches de sélection d'une seule technique à la fois. Sélectionner un seul type de technique est généralement insuffisant puisqu'une catégorie de requêtes ne sera pas satisfaite par cette sélection. Cela nécessite la définition des approches de sélection de plusieurs techniques en même temps. [46].
2. Le fait de partager les requêtes entre les deux structures permet de réduire la complexité du problème de sélection en réduisant le nombre de requêtes à optimiser pour chaque technique. Cette réduction ressemble au concept de compression de la charge de requêtes qui vise à diminuer le nombre de requêtes considérées dans la charge de requêtes, sans perdre la qualité des recommandations générées. La taille de la charge de requêtes est un facteur très important affectant la scalabilité (passage à l'échelle) des outils de conception physique. Zilio et al [69] affirment que le temps d'exécution des outils de conception physique comme l'outil *Microsoft Tuning Wizard* augmente exponentiellement avec l'augmentation de la taille de la charge de requêtes. De ce fait, le nombre de requêtes joue un rôle pour la conception physique [46].

Pour toutes ces raisons, nous visons, avec notre approche, à réduire la taille de requêtes à optimiser par chaque technique d'optimisation en partageant la charge globale en deux sous-charges, ce qui nous permettra de réduire par la suite la complexité du problème de sélection. Ce constat, nous a motivé à considérer un nouveau problème lié à la sélection multiple des deux structures d'optimisation qui est le partage de requêtes de la charge entre elles.

Pour pallier ce problème de partage, nous avons proposé d'utiliser la catégorisation (classification non supervisée) qui est une technique de data mining permettant de classifier un ensemble de requêtes en se basant sur des critères variés. L'idée d'utiliser des techniques de data mining pour extraire des connaissances utiles à partir de données stockées pour leur administration est une approche très prometteuse, notamment dans le domaine des entrepôts de données, où les requêtes sont très hétérogènes et ne peuvent pas être interprétées facilement [8]. Cependant, peu de travaux se sont intéressés à la mise en œuvre d'une démarche de sélection combinée de FH et IJB basée sur des techniques de data mining. Par exemple, mentionnons les travaux de Bouchakri [6] où l'auteur a utilisé une technique de catégorisation pour répartir l'ensemble des attributs de sélection extraits des requêtes entre les deux structures, et ensuite sélectionner chaque structure avec un algorithme de sélection. Pour réaliser ce partage, elle propose d'utiliser l'algorithme *k-means*.

3 Notre Approche de sélection combinée de FH et IJB avec partage de requêtes

Nous avons proposé une nouvelle démarche de sélection multiple d'IJB et de FH basée sur la classification de la charge de requêtes. Nous allons exposer dans les sections suivantes la description de l'approche proposée. Nous commençons par présenter le principe de classification des requêtes de la charge Q, puis nous détaillons les démarches de sélection du schéma de fragmentation et d'index de jointure binaires.

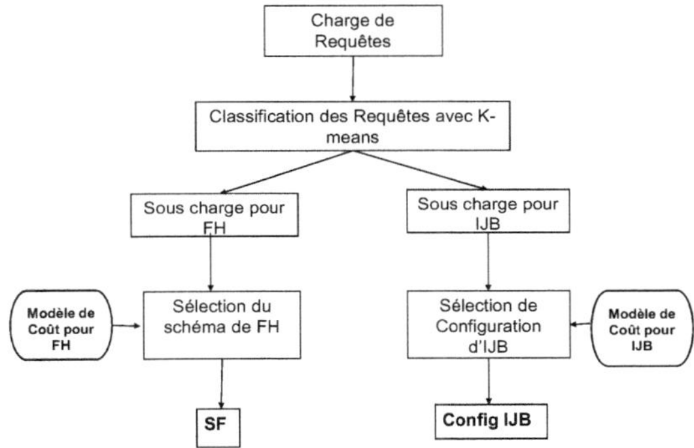

Figure III.1 – Démarche de sélection combinée IJB et FH.

L'architecture générale de notre démarche de sélection est représentée dans la figure III.1.

3.1 Classification des requêtes

La classification des requêtes consiste à répartir les requêtes de la charge globale Q en deux sous-charges nommées : *Charge_FH* et *Charge_IJB* selon deux critères : la cardinalité des attributs de sélection et la sélectivité de la requête. Cette répatition permet d'affecter chaque requête à la technique d'optimisation FH ou IJB, ce qui permet d'assurer, par la suite, une meilleure optimisation de la charge de requête globale Q. Un partage à priori des requêtes entre les structures d'optimisation réduit la complexité des deux problèmes de sélection. Dans ce qui suit, nous allons présenter les critères utilisés pour classifier les requêtes de la charge Q.

3.1.1 Critères de partage

Pour déterminer quelle technique d'optimisation est adaptée pour une requête donnée, nous proposons de prendre en compte deux facteurs importants : la cardinalité des attributs de sélection et la sélectivité de requête (fraction de lignes sélectionnées lors de l'exécution de la requête). Ces deux facteurs représentent nos critères de décision pour le partage de charge de requêtes Q :

1. **Cardinalité des attributs de la requête CAR** : elle représente la somme des cardinalités des attributs de sélection utilisés dans une requête Q_i.

   $$CAR(Qi) = \sum_{i=1}^{m} ||A_i||$$

   Où $||A_i||$ représente la cardinalité de l'attribut de sélection A_i, m représente le nombre de prédicats de sélection dans la requête Q_i.

   La cardinalité d'un attribut est un facteur très important pour la sélection d'un IJB, si la cardinalité est grande l'index créé sur cet attribut est volumineux et peut ne pas être choisis par les processus de sélection vue la contrainte de l'espace de stockage. Pour cela nous avons considéré que si la somme des cardinalités des attributs de la requête est petite, les IJB sont plus adaptés pour optimiser cette requête. Dans le cas contraire, la FH est plus adaptée.

2. **Sélectivité d'une requête SEL** : à partir des prédicats de sélection d'une requête Q_i ainsi que les opérateurs utilisés (AND, OR, IN,...), le calcul de sélectivité de la requête sera montré avec l'exemple ci-dessous.

   Exemple : Soit la requête Q1 introduit un prédicat simple de sélection de la manière suivante :

   ```
   Q1 : SELECT Count (*) From Ventes V, Produit P WHERE V.pid =P.PID And P.Classe='B'
   ```

   La sélectivité de Q1 est liée au prédicat P(*P.Classe='B'*). Elle est égal au nombre de n-uplets de la table des faits *Ventes* qui vérifient le prédicat simple de sélection introduit dans la requête. La forme générale de calcul de la sélectivité d'un prédicat simple Pi défini sur une table de dimension et nécessitant une jointure entre cette dernière et la table des faits est donné par :

   $$Sel(Pi) = \frac{\text{nbr lignes sélectionnées de F}}{||F||}$$

   Tel que : ||F|| représente le nombre de n-uplets de la table des faits F.

   Exemple : Supposons que le nombre de lignes sélectionnées de la requête Q1 , en tenant compte de la sélection sur la table Produit ensuite la jointure entre Produit et Ventes, est égal à 71600 lignes et la taille de la table de faits Ventes est ||Ventes||=6 millions.

   La sélectivité de Q1 est calculée comme suit :

$$Sel(Q1) = Sel(P1) = \frac{\text{nbr lignes sélectionnées de F}}{||Ventes||} = \frac{71600}{||Ventes||)} = 0.02$$

Dans l'exemple ci-dessus, nous avons calculé la sélectivité d'une requête dans le cas où elle contient un seul prédicat de sélection de la forme *Ai=valeur*, dans le cas où Q_1 est composée de plusieurs prédicats de sélection (ce qui est le cas des requêtes de jointure en étoile que nous avons utilisées). La sélectivité de Q dépend alors des opérateurs reliant ces prédicats. Les formules ci-dessous présentent comment on peut calculer la sélectivité suivant les opérateurs utilisés [30] :

$$Sel(P(Ai) \text{ AND } P(Aj)) = Sel(P(Ai) \times Sel(P(Aj))$$
$$Sel(P(Ai) \text{ OR } P(Aj)) = Sel(P(Ai) + Sel(P(Aj))$$
$$Sel(AiIN\{v1, v2, v3, ..vn\}){=}Sel(P(Ai = v1)) + Sel(P(Ai = v2)) + ... + Sel(P(Ai = vn))$$

Les index offrent le meilleur gain avec des requêtes de forte sélectivité car elles sélectionnent peu de n-uplets et, par conséquent l'accès à un nombre élevé de n-uplets inutiles est évité. Les requêtes avec une sélectivité forte encouragent l'indexation. En revanche, les requêtes avec une sélectivité faible encouragent la fragmentation.

3.1.2 Démarche de classification

Pour partager les requêtes de la charge entre les structures d'optimisation FH et IJB, nous avons utilisé l'algorithme *k-means* pour la classification non supervisée ou catégorisation.

Cet algorithme exploite une distance, comme la distance euclidienne, pour le calcul de la distance intra-classe. Selon le nombre d'itération, «*k-means* » recalcule de nouveau les deux centroïdes puis réaffecte chaque données à la classe qu'il faut selon la distance utilisée.

Afin d'adapter cet algorithme à notre besoin de classification des requêtes, nous considérons ce qui suit :

- Les données à classifier sont les requêtes de la charge globale Q.
- Les requêtes sont classifiées en deux sous-ensembles : *Charge_IJB* et *Charge_FH*. Ainsi, k = 2.
- Les requêtes sont représentées dans l'espace à deux dimensions R^2 par des coordonnées (x, y).
- Les coordonnées des requêtes dans R^2 sont établies à partir d'un poids de classification qui va nous permettre de décider pour chaque requête, si elle est candidate à la FH ou à l'IJB.
- Le calcul du poids d'une requête *Qi* est basé sur les deux facteurs cités CAR(Qi) et SEL(Qi) :

$$Poids(Qi) = CAR(Qi) + SEL(Qi)$$

Où CAR(Qi) et SEL(Qi) représentent respectivement la somme des cardinalités des attributs et la sélectivité de la requête *Qi*.

Exemple : Pour illustrer le calcul de poids de classification, nous considérons la requête Q2 :

```
SELECT Count (*) From Ventes V, Produit P
WHERE V.pid =P.PID And P.Classe='B' and P.fornisseur='F8'
```

Attribut	Cardinalité
P.Classe	100
P.Fornisseur	40
CAR(Somme)	140

Prédicat de sélection	Sélectivité
P.Classe='B'	0.02
P.Fornisseur='F8'	0,083
SEL	0,00166

Figure III.2 – Calcul des critères de classification CAR et SEL.

Le poids de classification est égale à la somme des cardinalités des attributs de sélection (CAR) et de la séléctivité (SEL) calculée comme présenté dans la figure III.2.

Nous avons remarqué que les données de chaque facteur présentaient une échelle différente. Pour le facteur CAR les données représentent les cardinalités des attributs qui peuvent être 40 pour un attribut *Fournisseur*, ou 100 pour l'attribut *Classe*. Par opposition, la sélectivité d'une requête est exprimée sous la forme d'une valeur comprise entre 0 et 1. La somme directe de ces deux facteurs ferait que le facteur *CAR* serait plus dominant que le facteur *SEL*.
Pour que le poids soit cohérent, nous avons effectué la normalisation des données issues de chaque facteur.

3.1.2.1 Normalisation des données La normalisation vise à centrer et à réduire un échantillon de données suivant la moyenne et l'écart type de celui-ci. Cet échantillon suivra alors une loi normale centrée réduite de moyenne 1 et d'écart type 0.

Soit un échantillon de données $d_1, ..., d_n$. À partir de la moyenne m et l'écart e tel que :

$$m = \frac{\sum_{i=1}^{n} d_i}{n} \text{ et } e = \sqrt{(\frac{1}{n}\sum_{i=1}^{n} d_i^2) - m^2}$$

Requête	Cardinalité	Moyenne	Ecart type	CAR Normalisé
Q2	140	137.1	64.39	-1,69

(a)Normalisation de la cardinalité

Requête	Sélectivité	Moyenne	Ecart type	SEL Normalisé
Q2	0,00166	0,08	0,0 36	-2,17

(b)Normalisation de la sélectivité

Requête	SEL Normalisée	CAR Normalisée	Poids
Q2	-2,17	-1,69	-3,84

(c)Calcul de poids de classification

Figure III.3 – Normalisation du poids de classification.

Chaque données est centrée et réduite comme suit :

$$di = \frac{di - m}{e}$$

Exemple : La figure III.3 présente la normalisation des facteurs de classification de la requête Q2.

Pour résumer, nous favorisons pour la fragmentation, les requêtes avec une faible sélectivité et une grande somme des cardinalités des attributs. Pour IJB, les requêtes avec une sélectivité forte et une petite somme des cardinalités de ses attributs.

3.1.3 Démarche de sélection combinée de FH et IJB

Une fois la classification des requêtes effectuée, nous sélectionnons, à l'aide des algorithmes de data mining et un algorithme génétique, une configuration d'index optimisant les requêtes de *Charge_IJB* ainsi qu'un schéma de fragmentation pour les requêtes de la *Charge_FH.*

Les algorithmes de sélection ou les heuristiques (data mining, génétique) que nous avons utilisés, sont guidés par des modèles de coût mathématiques permettant d'évaluer chaque structure d'optimisation candidates. Cela permet de choisir les configurations quasi-optimales possibles. Nous présentons dans les sections suivantes les démarches de sélection de la configuration d'IJB et du schéma de FH ainsi que les modèles de coût utilisés.

3.1.3.1 Démarche de sélection de la configuration d'index La démarche que nous avons adoptée pour la sélection d'une configuration d'IJB (figure III.4) vise à réduire le coût

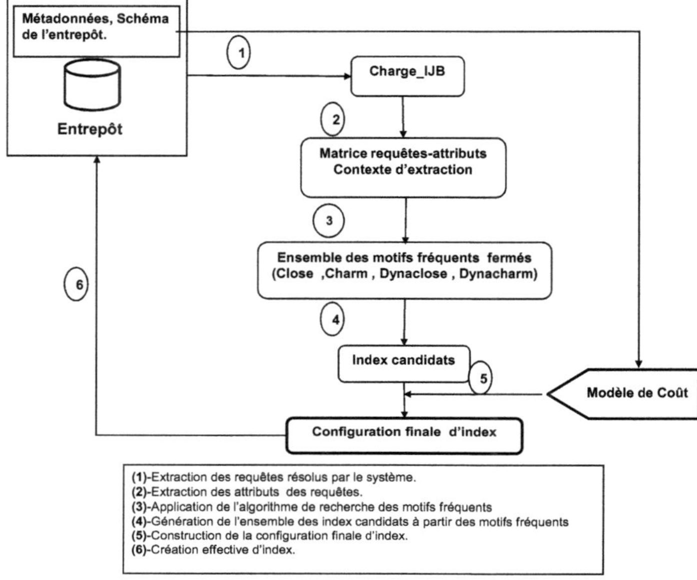

Figure III.4 – Architecture de la démarche de sélection d'index.

d'exécution de la sous-charge de requête Charge_IJB sous une contrainte de l'espace de stockage S. Elle se base sur l'utilisation de la technique de data mining nommée *l'extraction des motifs fréquents fermés* (voir section 4.2.7.2 chapitre I) pour élaguer l'espace de recherche des index de jointure parmi les index candidats possibles. Pour cela, nous avons utilisé pour l'extraction des motifs fréquents fermés les algorithmes : Close [25], Charm [37], DynaCharm [61] et DynaClose [61].

La démarche suit les étapes suivantes :

1. *Analyse de la sous classe Charge_IJB* : pour la sélection d'IJB, une analyse syntaxique doit être effectuée pour extraire l'ensemble des attributs qui font l'objet de prédicats de sélection et de jointure dans les clauses WHERE des requêtes. Cependant, le nombre d'IJB possibles augmente de manière exponentielle par rapport au nombre d'attributs candidats pour la sélection [46]. Si le nombre d'attributs est important, il est quasiment impossible d'énumérer toutes les configurations possibles. Pour résoudre ce problème, nous avons proposé d'élaguer l'espace de recherche des index et par conséquent diminuer

sa complexité. L'étape d'élagage est effectuée en utilisant des algorithmes d'extraction des motifs fréquents fermés (Section 4.2.7.2 chapitre I).

2. *Construction du contexte de recherche des motifs fréquents fermés :* les algorithmes de data mining que nous avons utilisé nécessitent initialement la préparation d'un contexte pour extraire les motifs fréquents fermés qui peuvent constituer l'ensemble des index candidats de sélection. Ce contexte d'extraction est construit à partir des attributs extrait dans l'analyse syntaxique de Charge_IJB. Il est représenté par une matrice requête-attributs qui a pour lignes les requêtes de *Charge_IJB* et pour colonnes les attributs indexables. La j^{ieme} case d'une ligne i dans cette matrice est mise à 1 si la requête Q_i utilise l'attribut A_j, et elle est mise à 0 sinon.

Q1	select Temps_id from Ventes V, Temps T where V.time_id = T.TID and T.year = '2009' group by V.id ;
Q2	select prod_id, avg(quantité) from Ventes V, Produit P where V.prod_id = P.PID and P.classe ='C4' group by V.pid ;
Q3	select Client_id, avg(quantité) from Ventes V, Client C, Produit P,Temps T where V.Cid = C.CID and V.pid = P.PID and V.tid = TID and T.year ='2009' and C.genre ='F' and P.Classe ='C5' group by V.Cid ;

Tableau III.1 – Charge de trois requêtes.

Exemple : Soit un entrepôt de données composé de la table de faits Ventes et de trois tables dimensions *Client*, *Produit*, *Temps*. Le tableau III.1 représente une petite charge composée de trois requêtes.

La matrice requêtes-attributs est obtenue après l'analyse syntaxique de l'ensemble des requêtes du tableau III.1. Elle est composée de neuf colonnes et de trois lignes. (Tableau III.2). Cette matrice, exploitée par les algorithmes de sélection, donne lieu à un ensemble de motifs fréquents fermés.

3. *Extraction des motifs fréquents fermés* : dans cette étape, l'administrateur doit choisir l'algorithme d'extraction des motifs fréquents fermés parmi ceux proposés (Close, Charm, Dynacharm, DynaClose). La fréquence où le support des motifs extraits doit être supérieure ou égale à un seuil *minsup* fixé par l'administrateur. Chaque motif extrait est composé d'un ensemble d'attributs de l'entrepôt de données. Un motif possède la forme suivante : $Table1.Attribut\_i, Table2.Attribut\_j, ..., Tablen.Attribut\_k$.

Dans le cas ou l'administrateur a choisi l'algorithme DynaClose ou DynaCharm, une nouvelle métrique appelée *Fitness* est attribuée pour chaque motif fréquent en tenant en compte, en plus de la fréquence, les tailles des tables des attributs non clés du motif.

	V.tid	T.TID	T.year	V.pid	P.PID	P.classe	V.Cid	C.CID	C.genre
Q1	1	1	1	0	0	0	0	0	0
Q2	0	0	0	1	1	1	0	0	0
Q3	1	1	1	1	1	1	1	1	1

Tableau III.2 – Matrice requête-attributs.

Cela lui permet de pénaliser les attributs fréquents définis sur des tables de petites tailles. Notons que ces algorithmes ont été proposés par [61] pour pallier le problème de l'approche de [8] qui peut éliminer des index sur des attributs non fréquemment utilisés mais qui appartiennent à des tables de dimension volumineuses (voir section 3.3 chapitre II).

4. *Construction de l'ensemble des index candidats* : à partir de l'ensemble des motifs fréquents fermés et du schéma de l'entrepôt de données (clés étrangères de la table de faits, clés primaires des tables dimensions, etc.), nous construisons l'ensemble d'index candidats à partir des motifs fréquents qui peuvent générer un IJB. Ces index sont les résultats d'une étape de purification permettant d'éliminer les motifs qui ne peuvent pas générer un index de jointure. Par exemple, un motif fréquent ne contenant aucun attribut non clé des tables de dimension sera supprimé.

5. *Construction de la configuration d'index finale* : une fois les index candidats construits, un algorithme glouton parcourt l'espace de recherche de ces index pour sélectionner la configuration qui respecte la contrainte de stockage S. La ConfigIJB est constituée des index les plus bénéfiques en se basant sur un modèle de coût qui calcule la taille des index sélectionnés, ainsi que le coût d'exécution des requêtes en présence de ces index comme fonction objectif. Un index I est retenu, s'il apporte une amélioration du coût de $Charge\_IJB$ et la taille de *ConfigIJB* après l'ajout de I ne dépasse pas S

   La fonction objectif utilisée repose sur un modèle de coût proposé par Aouiche dans [8]. Ce modèle (voir section 3.2.2 chapitre II) permet d'estimer, à partir d'une requête Q_i et d'une configuration d'index *ConfigIJB*, la taille des index ainsi que le coût d'exécution de Qi en termes de nombre d'entrées-sorties en présence de *ConfigIJB*.

3.1.3.2 Algorithme glouton L'algorithme glouton que nous avons utilisé (voir algorithme 3.2) choisit progressivement, à partir des index candidats, les index les plus bénéfiques tant que la contrainte d'espace S est respectée.
Il commence par l'index défini sur l'attribut ayant la cardinalité minimum, il ajoute ensuite d'autres index itérativement s'ils présentent une amélioration dans la fonction objective "Coût" jusqu'à ce que l'espace de stockage soit consommé ou que tous les index soient sélectionnés.

L'algorithme s'arrête dans les cas suivants :
- Aucune amélioration de la fonction objectif n'a été réalisée ;
- Tous les index ont été sélectionnés ;
- L'espace de stockage disponible est saturé.

3.1.3.3 Modèle de coût pour IJB La création de tous les index générés lors du processus de sélection peut ne pas être réalisable en pratique à cause des contraintes systèmes, telles que le nombre limité d'index par table ou la taille de l'espace de stockage alloué aux index. Pour éviter ces limitations, nous avons utilisé le modèle de coût proposé par Aouiche [8]. Ce modèle de coût nous a permis d'évaluer et comparer la qualité des différentes configurations d'index pour ne conserver que les index les plus avantageux. Le détail sur le modèle utilisé est présenté dans section 3.2.2 chapitre II.

Cependant, nous pouvons considérer trois scénarios pour l'exécution de Q à la présence d'une configuration d'IJB :

1. **Scénario 1** : (Aucun attribut de Q n'est indexé dans ConfigIJB) dans le cas d'absence d'IJB utilisés par Q, toutes les jointures de Q peuvent être calculées en utilisant la jointure par hachage.
2. **Scénario 2** :(Tous les attributs de Q sont indexés dans ConfigIJB) ce cas représente la situation idéale où toutes les jointures dans Q ont été pré-calculées dans ConfigIJB. L'exécution de Q dans ce cas, passe par deux étapes importantes : (1) le chargement des index, et ensuite (2) l'accès aux données. Ce coût est celui présenté dans section 3.2.2.2 chapitre II.
3. **Scénario 3** : (Quelques attributs de Q sont indexés dans ConfigIJB) : dans ce scénario, l'exécution de Q se fait en deux phases. Dans la première phase, les index utilisés par Q sont chargés et utilisés pour trouver un ensemble de n-uplets de la table des faits. Le coût de cette phase est calculé comme celui du scénario 2. Il correspond au coût de chargement des index utilisés ainsi que celui de chargement des n-uplets de faits. Dans la deuxième phase, les jointures non encore effectuées (à cause de l'absence des IJBs pré-calculant les jointures dans ConfigIJB) sont réalisées. Ces jointures sont effectuées entre les nombre de pages occupées par les n-uplets de faits, résultats de la première étape, et les tables de dimension non encore jointes. Le nombre de pages est égale à :

$$\text{nombre de pages} = \frac{\text{nombre de tuples de la table des faits} \times \text{taille de tuple}}{PS}$$

3.1.3.4 Sélection du schéma de fragmentation La démarche de sélection du schéma de fragmentation que nous avons utilisé est faite en quatre étapes (Figure III.5) :

1. *Extraction des prédicats de sélection* : chaque requête de jointure en étoile utilise un ensemble de prédicats de sélection définis sur des attributs de dimension. Un prédicat de sélection P_k défini sur un attribut A_j d'une table de dimension D_i possède la forme suivante :

   $$D_i.A_j \ \theta \ valeur$$

   Où : θ représente un opérateur de comparaison parmi l'ensemble $\{=, >, <, \leq, \geq\}$, et $valeur \in domaine(A_j)$.
2. *Découpage du domaine de chaque attribut en sous-domaines :* Cette phase consiste à découper le domaine de chaque attribut de sélections en K sous-domaines. Les sous-domaines SD_i où i=1...K-1 correspondants aux valeurs utilisées par la charge de requêtes *Charge_FH*, le dernier sous-domaine SD_k correspond à l'ensemble des valeurs restantes.

   Exemple : Pour illustrer ce découpage (figure III.6), nous supposons les deux prédicats de l'attribut *P.Classe* présenté dans les requêtes Q2, Q3 de la charge (Tableau III.1)
3. *Codage du schéma de fragmentation* : nous avons utilisé pour la sélection du schéma de fragmentation le codage proposé par Boukhalfa dans [46]. Ce codage représente le

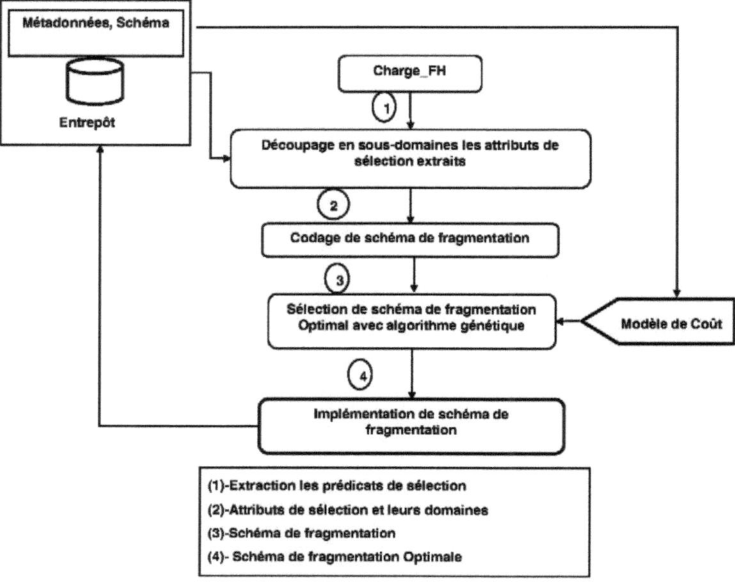

Figure III.5 – Démarche de sélection du schéma de fragmentation.

Sous-domaines	SD1	SD2	SD3
Valeur sous-domaine	Classe_1	Classe_5	Le Reste des valeurs possibles de l'attribut P.Classe

Figure III.6 – Découpage de domaine de l'attribut P.Classe.

schéma de fragmentation sous forme d'un tableau. Chaque ligne représente un attribut et ses sous-domaines. Chaque sous-domaine sera numéroté. Les domaines qui possèdent le même numéro vont être regroupés en un seul sous-domaine. Si tous les sous-domaines d'un attribut possèdent la même valeur, l'attribut ne participe pas à la fragmentation.

Pour illustrer ce codage, nous considérons le découpage de l'attribut *Saison* de la table *Temps* représenté dans la figure II.4, le codage de cet attribut qui est décomposé en trois partitions P1, P2 et P3 portant respectivement les numéros 1,2 et 3. Le prédicat P1 contient le premier sous-domaine (été), P2 contient le troisième et le quatrième sous-domaine (automne et hiver) et P3 contient le deuxième sous-domaine (Printemps). Notons qu'une partition d'un domaine peut être définie par une disjonction des prédicats. Par exemple, la deuxième partition de l'attribut *Saison* est définie par : $P2$: $((Saison = Automne) \vee (Saison = hiver))$

4. *Algorithme génétique pour la sélection du schéma de fragmentation* : pour sélectionner le schéma de fragmentation, nous avons utilisé un algorithme génétique guidé par un modèle de coût et soumis à une contrainte du nombre de fragments maximum W. Le modèle de coût utilisé ainsi que le déroulement de sélection du schéma de fragmentation avec l'algorithme génétique sont présentés dans les sections qui suivent.

3.1.3.5 Modèle de coût pour la fragmentation Le modèle de coût, que nous avons utilisé s'inspire principalement du modèle avancé proposé par Boukhalfa dans [46]. Ce modèle permet de calculer le nombre d'E/S nécessaires pour exécuter une charge de requêtes données sur un schéma fragmenté. Le détail sur le modèle est présenté dans (section 4.2.3.1 chapitre II).

3.1.3.6 Sélection du schéma de fragmentation avec l'algorithme génétique Le principe de l'algorithme génétique utilisé dans notre approche est présenté dans l'algorithme 3.1.

Algorithme 3.1: ALGORITHME GÉNÉTIQUE()

Début
1. Générer aléatoirement une population de n chromosomes x ;
2. Évaluer la fitness f(x) de chaque chromosome ;
3. Créer une nouvelle population :
   -Sélectionner 2 parents chromosomes
   -Croiser les 2 parents avec une certaine probabilité Tc pour obtenir 2 enfants
   -Sélectionner un chromosome puis le muter avec une certaine probabilité Tm
   -Placer les nouveaux chromosomes dans la population
4. Composer la nouvelle population
5. Si la nouvelle population n'est pas satisfaisante refaire les étapes à partir de 2.

Fin

1. *Génération de la population initiale* : la génération de la population initiale de N chromosomes se fait de manière aléatoire, pour assurer qu'elle soit répartie sur tout l'espace de recherche. Chaque chromosome comporte des gènes composites et chaque gène composite contient n gènes simples. Un gène composite représente l'ensemble des domaines d'un attribut de sélection de la sous-charge *Charge_FH* et chaque gène simple est un sous-domaine de cet attribut. La valeur de chaque gène simple varie de 1 à N_{SD} où N_{SD} est le nombre de sous-domaines de l'attribut A_i. L'évaluation d'une solution de problème représentée par un chromosome est effectuée avec une fonction objectif, présentée ci-après.
2. *Fonction objectif* : pour évaluer les différentes solutions (schéma de FH dans notre cas), nous avons utilisé une fonction objectif basée sur le modèle de coût de sélection de la FH.

Nous avons formalisé le problème de fragmentation horizontal dérivée comme un problème de minimisation de coût d'exécution de la charge de requêtes. L'algorithme génétique peut générer des solutions violant la contrainte W de nombre du fragments faits maximum. Notre solution à ce problème est de pénaliser ces schémas en augmentant leur fonction objectif. Nous avons défini une fonction de pénalité comme suit :

$$Pen(SF_i) = \frac{N_{SF}}{W}$$

Tel que : N_{SF} représente le nombre de sous-schémas en étoile relatifs à un schéma $SF_i = S_1, ..., S_{NSF}$. Notre algorithme génétique doit sélectionner un schéma de fragmentation qui minimise la fonction *F'* définie par :

$$F'(SF) = \begin{cases} \text{Cost(SF)} \times Pen(SF) & \text{Si Pen(SF)>1} \\ Cost(SF) & \text{Sinon} \end{cases}$$

3. *Sélection* : l'opérateur génétique de sélection permet de sélectionner les meilleurs individus dans la population pour participer à la génération de la prochaine population. Nous avons utilisé la sélection par *roulette*. Cette méthode associe chaque individu à sa qualité (valeur de la fonction objectif). La roulette est partagée entre les individus, la surface allouée à chaque individu est fonction de la qualité de l'individu. Par conséquent, les meilleurs individus ont plus de chances d'être sélectionnés. Les mauvais individus peuvent être sélectionnés mais la probabilité est inférieure.

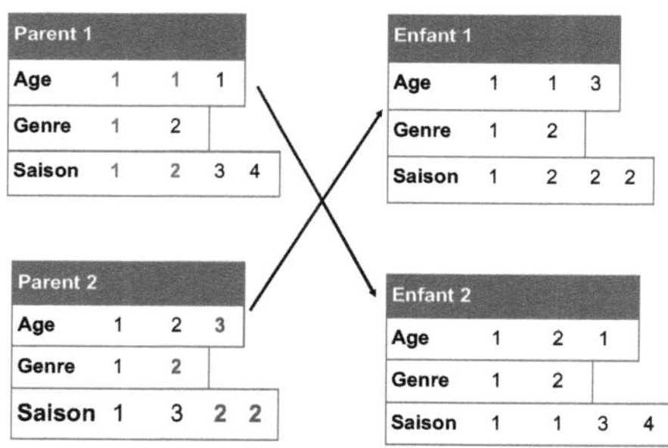

Figure III.7 – Opérateur génétique de croisement

4. *Croisement* : l'opérateur génétique de croisement (figure III.7) permet à deux individus d'échanger leurs gènes en vue de créer de nouveaux individus plus intéressants. Le croisement est appliqué sur deux individus pères choisis par l'opérateur de sélection. Le

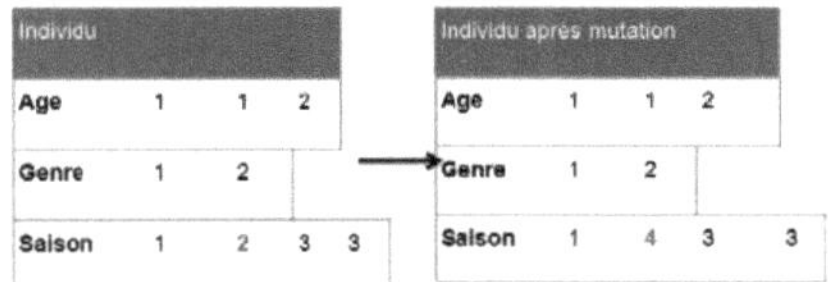

Figure III.8 – Opérateur génétique de mutation

croisement est effectué avec un taux de croisement T_c. Généralement, ce taux est grand pour pouvoir combiner des solutions et former des générations de meilleure qualité.

5. *Mutation* : L'opérateur de mutation (figure III.8) permet de modifier des gènes d'un individu pour permettre d'explorer certaines zones dans la codification des individus où le croisement ne peut pas explorer. La mutation se fait avec un taux T_m généralement petit mais qui diffère d'une application à une autre.

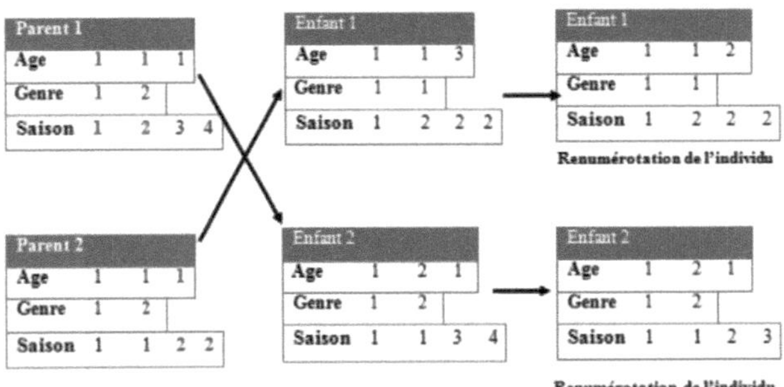

Figure III.9 – Exemple de renumérotation des résultats de croissement

Les deux opérateurs de croisement et de mutation nécessitent un échange de numéros de cellules d'individu. Cet échange peut rendre la numérotation non conforme à celle adoptée par le codage.

Pour garder la cohérence du codage, nous avons utilisé une fonction de *renumérotation*. Cette fonction prend en entrée une ligne de la table de codage et retourne en sortie un nouveau code de la même ligne respectant la numérotation. La fonction procède comme suit :

- Initialiser le numéro maximum attribué aux partitions (N_M) à 1.
- Renuméroter par 1 la première case et toutes les cases ayant le même numéro dans l'ancien codage.
- Incrémenter (N_M) et refaire la même renumérotation pour les cases non encore renumérotées.
- Arrêt lorsque toutes les cases ont été renumérotées.

La figure III.9 montre un nouveau codage des enfants de l'opérateur de croisement après avoir appliquer cette fonction.

3.1.4 Récriture des requêtes sur un schéma d'entrepôt fragmenté

L'exécution d'une requête sans la prise en considération de schéma de fragmentation SF n'apporte aucune amélioration en terme de coût d'exécution. Pour cela les requêtes de la charge doivent être réécrites selon le schéma SF sélectionné. En effet, il faut identifier les sous-schémas en étoile pertinents pour chaque requête pour que la fragmentation soit prise en compte lors de l'exécution de la requête. Le processus de réécriture des requêtes selon un schéma de fragmentation SF suit les étapes suivantes :

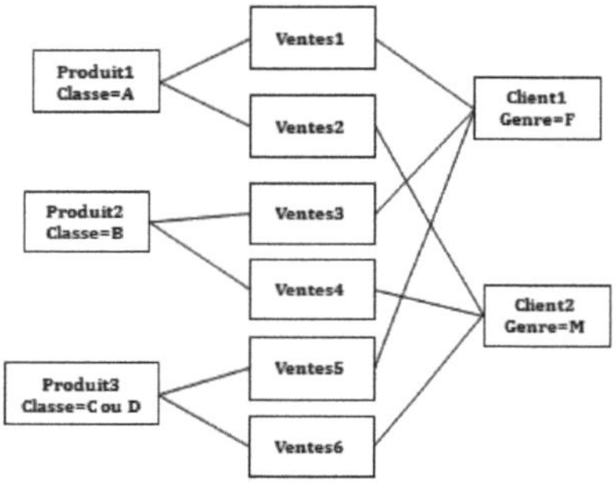

Figure III.10 – Exemple d'un schéma d'entrepôt fragmenté.

- *Identifier les sous schémas valide d'une requête* : pour chaque requête, il faut trouver l'ensemble des sous-schémas en étoile valides. Un sous schéma valide pour une requête est un sous schéma où le fragment de la table des faits est accédé par la même requête sur au moins un tuple.
  Exemple : Considérons l'entrepôt fragmenté présenté dans la figure III.10, soit la requête R suivante :
  SELECT CID, sum(Vente)
  FROM Ventes V, Client C, Temps T
  WHERE V.CID = C.CID AND V.TID = T.TID
  AND C.Gender='M' AND P.classe='A' OR 'D' AND T.Mois='Mars' Group By C.CID

  Les fragments faits valide pour R sont *Ventes2*, *Ventes6*, puisqu'ils vérifient les prédicats (Genre='M', classe='A' OR 'D')
- **Déterminer le type de correspondance (Requête/sous schéma)** : Pour chaque sous-schéma valide, il faut identifier le type de correspondance (partielle ou totale) avec la requête R.
  On dit qu'un sous schéma correspond totalement à R si tous les tuples des fragments faits de sous schémas vérifient les prédicats de sélection de la requête et rentre dans les résultats d'exécution de R. Dans l'exemple de la figure III.10, le sous schéma contenant le

fragment fait *Ventes2* correspond totalement de R. Cependant, s'il existe des tuples dans le fragment fait d'un sous schéma SCi qui ne sont pas pertinent pour R, la correspondance de SCi et R est partielle. Dans l'exemple précédant figure III.10 le sous schéma de fragment fait *Ventes6* correspond partiellement à R puisqu'il contient les tuples de la table *Produit* où *Classe='C'* et qui ne correspond pas à un prédicat de sélection de R. Notons qu'on ne parle pas d'une correspondance d'un sous schéma SCi et une requêtes R que si le sous schéma SCi est valide pour R.

- **Identification des jointures et les prédicats de sélection** : La réécriture des clauses FROM et WHERE d'une requêtes sur un schéma SF nécessite l'identification des jointures à effectuer et les prédicats de sélection. Les jointures à ajouter sont :
  - Les jointures entre la table des faits et les tables de dimension non fragmentées,
  - les jointures entre la table des faits et les tables de dimension des attributs de sélection de la clause *SELECT*,
  - Les jointures de la clause *WHERE* qui dépend du type de la correspondance (Requête/sous schéma), si la correspondance est totale aucune jointure n'est ajoutée. Par contre, Si la correspondance est partielle, il faut écarter les tuples non pertinents pour la requête en ajoutant dans la clause WHERE que les prédicats de sélection approprient qui engendrent l'ajout des jointures correspondantes.
- **Union des résultats des sous requêtes avec une opération de *UNION ALL* pour calculer le résultat final :**
  Pour calculer le résultat final de l'exécution d'une requête donnée, il faut faire l'union des sous requêtes.

  La forme générale de l'opération de l'union est :
```
SELECT (Clause_SELECT_R) FROM (
R(Sc1)
UNION ALL
R(Sc2)
UNION ALL
......
R(Scn))
```
  Où R(Sci) présente la réécriture de la requête R sur le sous schéma Sci valide pour R.

  Exemple : la réécriture de la requête R :
```
SELECT CID, sum(Vente)
FROM Ventes V, Client C, Temps T
WHERE V.CID = C.CID AND V.TID = T.TID
AND C.Gender='M' AND P.classe='A' OR 'D' AND T.Mois='Mars' Group By C.CID
```
  Est :
```
SELECT CID,classe, Sum(prix_ventes) FROM (
SELECT CID,classe, Sum(prix_vente) FROM Vente PARTITION (Vente2) V, Temps T, Client PARTITION (Client2) C
WHERE V.TID=T.TID AND V.VCID=C.CID AND T.Mois = 'Mars'
UNION ALL
SELECT CID,classe, Sum(prix_vente) FROM Vente PARTITION (Vente6), Temps T, Client PARTITION (Client2) C,
Produit PARTITION (Produit3) P WHERE V.TID=T.TID AND V.VCID=C.CID AND T.Mois = 'Mars' AND
P.Classe='D') GROUP BY CID )
```

3.1.5 Bilan et discussion

Nous avons traité dans les sections précédentes le problème de la sélection combinée de FH et IJB. L'approche que nous avons proposé se base sur l'utilisation d'une technique de catégorisation (classification non supervisée). Cette dernière permet de partager la charge de requêtes globale, en deux sous ensemble de requêtes (*Charge_FH*,*Charge_IJB*), chaque sous-ensemble sera optimiser avec la technique FH(IJB resp). Ce partage a pour but d'élaguer l'espace de recherche de problème de sélection.

Cependant, nous avons remarqué que quelques index de la *ConfigIJB* sont créés sur le même ensemble d'attributs utilisé dans le schéma de fragmentation *SF* sélectionné. Choisir un même attribut dans la configuration d'index et le schéma de fragmentation en même temps peut s'avérer non bénéfique vu les contraintes liées aux index et à la fragmentation (espace de stockage limité, nombre de fragments maximum). De ce fait, les deux structures auront le même effet d'optimisation et l'une d'entre elles sera inutile. Pour éviter cela, plusieurs scénarii sont proposés :

Algorithme 3.2: AFFECTATION DES ATTRIBUTS COMMUNS()

Entrée
Att_utilise_FH:ensemble des attributs utilisés dans le schéma du FH
Att_utilise_IJB: ensemble des attributs utilisés dans la ConfigIJB
Att_commun=Att_utilise_IJB $\cap$ $Att\_utilise\_FH$
TO =Technique d'optimsation(FH ou IJB)
Benifice(Ai,TO)=Coût(Q,TO+Ai)-Coût (Q,TO)
Sortie Schéma$_{FHfinal}$,$Config_{IJBfinale}$.

Début
Config$_{IJBfinale}$ $= ConfigIJB - Att\_commun$

Schéma$_{FH_{final}}$=$ConfigFH - Att\_commun$

pour chaque Ai de (Att_communs)
  si (Benifice(Ai,Schéma$_{FHfinal}$) $> Benifice(Ai, Config_{IJBfinale})$
    alors Schéma$_{FH}final$ $=$ $Schéma_{FHfinal} + Ai.$

    sinon Config$_{IJBfinale}$ $= Config_{IJBfinale} + Ai$

1. *Favoriser l'indexation des attributs communs* : nous éliminons, dans ce cas, les attributs communs du schéma du FH.
2. *Favoriser la fragmentation des attributs communs* : dans ce cas, les attributs communs sont supprimés de la configuration d'IJB.

3. *Affecter chaque attribut commun à la technique d'optimisation la plus bénéfique* : dans ce dernier cas, les attributs communs seront affectés à la technique d'optimisation qui apporte plus de gain. Le déroulement de processus d'affectation des attributs communs selon le bénéfice apporté par la technique d'optimisation est illustré dans algorithme 3.2.

Nous avons adopté dans notre approche les trois scenarios cités plus haut. Notons qu'il y a aussi deux autres scénarii :

1. Favoriser l'indexation des attributs de faible et moyenne cardinalité et fragmenter sur les attributs de fortes cardinalité.
2. Affecter chaque attribut selon les privilèges de l'AED.

Une fois les configurations des structures d'optimisation sont sélectionnées, l'optimisation physique de l'entrepôt de données est effectuée. Suivant le schéma de fragmentation quasi-optimal obtenu, la FH primaire est réalisée sur les tables de dimension suivie de la FH dérivée de la table de faits. Après la fragmentation, les index de jointure binaires sont implémentés localement sur les fragments faits générés. Nous allons proposée, dans le reste de ce chapitre, une démarche qui vise à améliorer les résultats de la conception physique. L'amélioration se fait en sélectionnant à nouveau une configuration supplémentaire d'IJB. Le principe ainsi que le déroulement de cette démarche est présenté dans la section suivante.

4 Affinement de la conception physique

Dans cette étape, nous allons sélectionner une configuration d'IJB supplémentaire *CI* pour optimiser les requêtes non bénéficiaires du schéma de fragmentation SF. Une requête est dite *bénéficiaire* du processus de fragmentation si son coût d'exécution après fragmentation est significativement réduit. Cette phase ne sera effectuée que si :

- Les sous-charges *Charge_IJB* et *Charge_FH* ne sont pas vide, dans le cas contraire aucune amélioration n'est a envisagée.
- La sous-charge *Charge_FH* contient des requêtes jugées comme non bénéficières de la conception physique. Dans le cas où toutes ses requêtes sont bénéficiaires aucune amélioration n'est proposée.

Pour faire cela, il fallait identifier initialement les requêtes non bénéficiaires du processus de fragmentation.

4.1 Identification des requêtes bénéficiaires du schéma de fragmentation et de la configuration d'index

Parmi l'ensemble des requêtes de la charge, certaines bénéficient d'un processus de sélection de FH et d'autres n'en bénéficient pas. Nous pouvons distinguer deux types de requêtes :

1. Les requêtes bénéficiaires du processus d'optimisation de la fragmentation sont celles qui ne contiennent que des prédicats sur des attributs de fragmentation.
2. Les requêtes ne contenant aucun ou peu de prédicats définis sur des attributs de fragmentation sont généralement des requêtes non bénéficiaires du processus de fragmentation.

Pour quantifier la réduction du coût après l'optimisation, nous avons utilisé une métrique que nous appelons taux de réduction (TR). Ce taux est défini pour chaque requête Q_j comme suit :

$$TR(Q_j) = \frac{Cost(Q_j, \text{avant optimisation}) - Cost(Qj, \text{aprés optimisation})}{Cost(Q_j, \text{avant optimisation})}$$

Notons que lorsque $TR(Q_j)$ est proche de 1, la requête est bénéficiaire du processus d'optimisation. Par contre, s'il est proche à 0, la requête n'est pas bénéficiaire. Le problème qui se pose est de savoir à partir de quel taux l'administrateur décide qu'une requête est bénéficiaire ou non bénéficiaire ?

Pour résoudre ce problème, nous donnons la possibilité à l'AED de fixer $\lambda > 0$, pour lequel une requête est considérée bénéficiaire du processus d'optimisation. Une requête Q_j est bénéficiaire, non bénéficiaire comme suit :

$$\begin{cases} TR(\mathrm{Q}_j) \geq \lambda & Q_j \text{ est bénéficiare} \\ TR(\mathrm{Q}_j) < \lambda & Q_j \text{ est non bénéficiare} \end{cases}$$

Il est très important de savoir si une requête est bénéficiaire ou non du processus d'optimisation d'une structure. Si une requête est bénéficiaire, l'AED considère qu'il n'est pas nécessaire d'utiliser une autre technique d'optimisation pour l'optimiser.

4.2 Déroulement de la démarche d'affinement

Notre démarche d'affinement a pour objectif la réduction du temps d'exécution des requêtes non bénéficiaires de la conception physique. L'optimisation est assurée en sélectionnant une configuration d'IJB pour optimiser les requêtes non bénéficiaires de la FH avec les attributs non utilisés dans la sélection de la configuration d'IJB de la conception physique.

L'architecture de notre approche de sélection combinée en considérant la démarche d'affinement est présentée dans figure III.11.

La sélection est effectuée selon le scénario suivant : si l'espace S_{Concep} alloué à la configuration d'index $Config_{IJB}$, issue de la phase de conception physique, est inférieure à la capacité de stockage S fixé par l'AED, on applique un autre processus de sélection d'index. Ce dernier vise à optimiser les requêtes non bénéficiaires de processus de fragmentation avec les attributs non utilisé pour $Config_{IJB}$ issue de la conception physique. La sélection de cette configuration est soumis à la contrainte d'espace S', tel que $S' = S - S_{Concep}$.

5 Conclusion

Nous avons présenté dans ce chapitre, une nouvelle approche basée sur les techniques de data mining pour résoudre le problème de sélection combinée de FH et IJB. Cette approche est

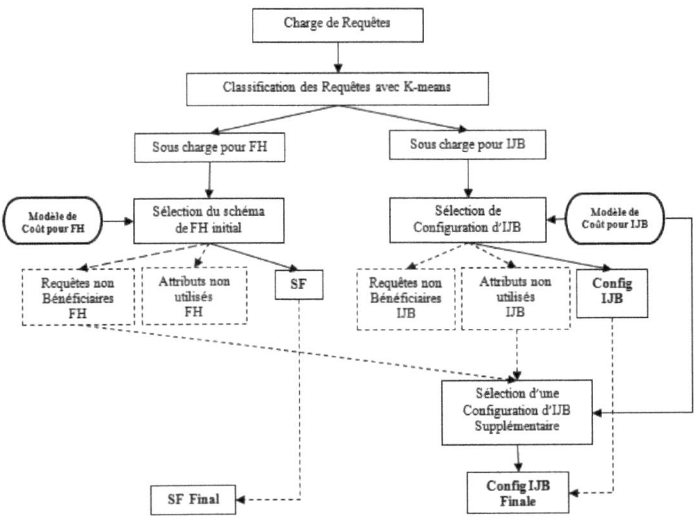

Figure III.11 – Démarche de d'affinement de la conception physique

composée de deux partie : (1) la conception physique et (2) l'affinement de la conception. Le dernier point présente une amélioration des résultats obtenues de la premier partie.

Dans les deux parties, nous avons utilisé les algorithmes de data mining (k-means, Close, Charm). Le premier algorithme est utilisé pour partager la charge de requête en deux sous-charges, où chacune est associée a un processus d'optimisation d'une technique bien précise selon des critères de classification. Les algorithmes Close,Charm ainsi que les algorithmes DynaClose, Dynacharm sont utilisés pour la sélection d'une configuration d'IJB pour optimiser le temps d'exécution des requêtes de la charge.

Nous avons utilisé aussi l'algorithme génétique pour la sélection du schéma de fragmentation. Cet algorithme fait partie de la famille des méta-heuristiques mais il peut être utilisé pour effectuer ou aider à réaliser des tâches de data mining comme l'extraction des motifs fréquents dans les travaux de Yan et al. dans [72].

Dans la deuxième partie de l'approche, nous avons proposé des améliorations des résultats de la conception physique. Ces améliorations visent principalement à optimiser l'ensemble des requêtes non bénéficiaires de la conception physique.

Pour valider notre approche, nous avons mené plusieurs expérimentations sur un benchmark sous Oracle 11g. Les résultats des expérimentations seront présentés dans le chapitre suivant.

Chapitre IV

Étude expérimentale

1 Introduction

Notre approche de sélection combinée de FH et IJB se base sur le partage de la charge de requêtes comme un moyen de réduction de complexité des problèmes de sélection de FH et IJB. Afin de valider et tester notre approche, nous avons mené plusieurs expériences. Nous présentons dans ce chapitre les résultats de ces expérimentations.

Ce chapitre est composé de 8 sections. Dans la deuxième section nous présentons la stratégie d'implémentation que nous avons adoptée pour évaluer l'efficacité de notre approche. Dans la troisième section, nous allons décrire quelques problèmes liées à l'implémentation et les techniques utilisées pour les résoudre. L'architecture de l'implémentation est schématisée et présentée dans la quatrième section.

Pour la mise en œuvre des tests d'efficacité de notre approche, nous avons développé un outil de sélection des structure d'optimisation FH et IJB, la section 5, présente les fonctionnalités offertes par cet outil. L'environnement expérimental des expériences est présenté dans la section 6.

Dans le reste de ce chapitre, nous présentons les expériences que nous avons menées pour valider notre approche de sélection conjointe de FH et IJB avec le banc d'essai ABP-1 [73] sous Oracle 11g.

2 Stratégie de l'optimisation

Nous avons décrit jusqu'ici deux modes de sélection : la sélection isolée et la sélection multiple des deux techniques FH et IJB.

- Une sélection isolée permet de sélectionner un schéma de fragmentation horizontale (FHSeul) ou la sélection d'une configuration d'IJB (IJBSeul).
- Une sélection multiple (FH&IJB) où un schéma de fragmentation et une configuration d'IJB sont sélectionnés en même temps.

La stratégie d'optimisation que nous avons adoptée nous a permis de considérer les 5 scénario suivants :

1. **SansTO** : dans ce scénario, aucune technique d'optimisation n'est utilisée. Nous avons estimé le coût d'exécution de la charge de requêtes sur l'entrepôt de données d'origine.

2. **FHSeul** : l'entrepôt de données dans ce cas est fragmenté selon un schéma de fragmentation SF. Ce dernier présente le résultat d'application du processus de sélection de la FH basé sur un algorithme génétique sur l'ensemble des requêtes de la charge. Nous avons effectué des expériences sur différentes valeurs de W de 30 à 300. Les requêtes de la charge doivent être réécrites par la suite selon le schéma fragmenté afin de bénéficier de la fragmentation.
3. **IJBSeul** : dans ce scenario, nous avons sélectionné, à l'aide d'un algorithme glouton, une configuration d'IJB *ConfigIJB* à partir de l'ensemble des attributs indexables extraits par un des quatre algorithmes proposées (Close [25], Dynaclose [61], Charm [37], Dynacharm [61]). L'espace de stockage que nous avons considéré vairé de 100Mo à 3Go. Dans ces expérimentations, nous avons fixé la valeur du support minimal à 5%. Cette valeur donne un grand nombre de motifs fréquents et par conséquence un grand nombre d'index candidats.

Algorithme de sélection	Algorithme Génétique
Population	20
Taux de Croisement	80
Taux de mutation	20
Génération	10
Librairie utilisée	JGAP
W (Nombre de fragments faits maximum)	40-300

(a) Sélection de schéma de FH

Algorithme de Sélection	Close, DynaClose , Charm
Support minimal (Minsup)	0.05
Espace de stockage	100Mo-6Go
Librairie Utilisée	SPMF

(b) Sélection de la configuration d'IJB

Figure IV.1 – Paramètres des algorithmes utilisés

4. **FH&IJB Simple (FHIJBS)** : la démarche de sélection combinée de FH et IJB, dans ce scénario, présente l'approche que nous avons proposée. Elle consiste à classifier en premier temps avec l'algorithme de data mining *k-means* les requêtes de la charge en deux sous-charges. Chacune de ces charges sera affectée par la suite à un processus d'optimisation des techniques d'optimisation (FH ou IJB). Après plusieurs expériences avec différents valeurs des paramètres des algorithmes, nous avons retenues celles présentées dans la figure IV.1.
5. **FH&IJB avec affinement (FHIJBA)** : ce scénario présente une extension de scénario *FH&IJB Simple*. Nous avons identifié les requêtes non bénéficiaires des processus de fragmentation avec un taux de bénéfice $\lambda = 0.6$. Un autre processus de sélection d'IJB sera

appliqué sur ces requêtes pour générer une configuration d'IJB supplémentaire *ConfigSup*. Cette dernière configuration est une extension de *ConfigIJB*(la configuration issu du processus de la conception physique) et vise à maximiser l'optimisation de coût de la charge globale. Toutes les requêtes (bénéficiaires et non bénéficiaires) sont réécrites selon le schéma SF et l'union des configurations d'IJB *ConfigIJB* et *ConfigSup*.

6. **FH&IJB avec classification d'attributs (FHIJBC)** : dans ce scénario, nous nous sommes inspirés principalement des travaux de Bouchakri [6] pour la sélection multiple d'un schéma de FH et d'IJB basée sur la classification des attributs. De ce fait, nous avons implémenté le principe de classification et de sélection de FH décrits dans les travaux de Bouchakri [6](Voir section 4.2.3 chapitre II). La sélection d'IJB dans ce scénario se fait par un algorithme glouton.

3 Implémentation de la FH et des IJB sur l'entrepôt de données

Pour implémenter les techniques d'optimisation sélectionnées durant les processus d'optimisation, il faut générer et exécuter des scripts sur le schéma de l'entrepôt pour le remplacer par un schéma fragmenté et/ou indexé suivant le mode de sélection utilisé. Nous allons présenter dans ce qui suit, l'implémentation des techniques FH et IJB sur un entrepôt de données.

L'implémentation de la fragmentation horizontale consiste à fragmenter les tables de dimension par la fragmentation primaire suivi par la fragmentation dérivée de la table des faits en utilisant la fragmentation dérivée. Nous avons utilisé le SGBD Oracle 11g qui présente le plus d'options de fragmentation pour implémenter la fragmentation (primaire,dérivée). Nous avons adopté la même méthode d'implémentation de Boukhalfa dans [46], le détail de cette méthode est présentée dans section 2.3.3.1 chapitre II .

La création des IJB sélectionnés sur l'entrepôt de données varie suivant le mode de sélection choisi (IJBSeul, FH&IJB) .

1. **Cas IJBSeul** : les index, dans ce cas, référencent tous les n-uplets de la table des faits et ne sont pas fragmentés. La forme générale de script de création d'un IJB dans ce cas est présentée comme suit :

```
CREATE BITMAP INDEX bji_fait1
ON TFait (Dimension.Attribut)
FROM TFait, Dimension
WHERE TFait.Id_Dimension = Dimension.Id ;
```

2. **Cas FH&IJB** : dans le cas d'une sélection multiple de FH&IJB, les index sont des IJB locaux et fragmentés de la même manière que la table des faits.

   Chaque fragment de l'index est créé sur un fragment de la table des faits et ne référence que les n-uplets de ce dernier. La création d'un index local se fait à l'aide de l'option "LOCAL" qu'il faut placer à la fin de la commande de création comme suit :

```
CREATE BITMAP INDEX IJB
ON TFait (Dimension.Attribut)
FROM TFait, Dimension
WHERE TFait.Id_Dimension = Dimension.Id LOCAL ;
```

4 Architecture de notre l'implémentation

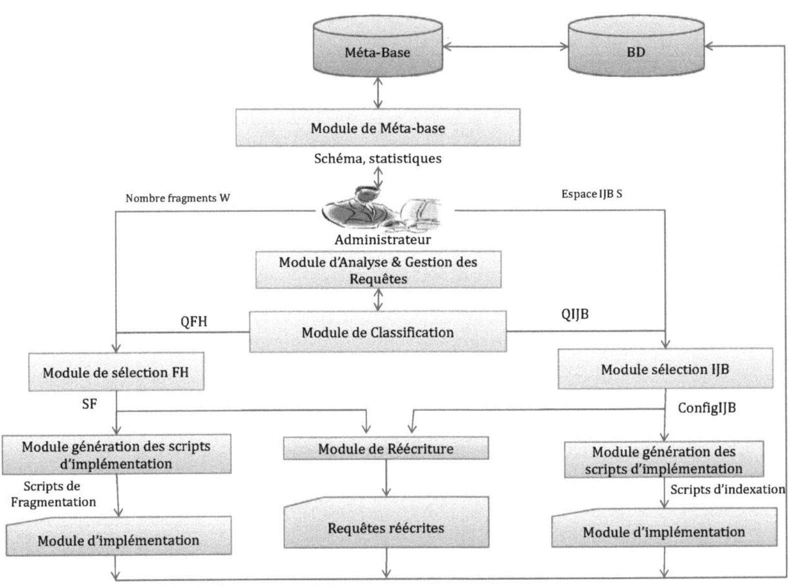

Figure IV.2 – Architecture de notre implémentation.

Pour valider notre approche, nous avons développé une plate-forme sous ORACLE11g pour gérer le partitionnement et l'indexation d'un entrepôt de données. Notre implémentation est schématisée dans la figure IV.2.

Cette architecture est composée de sept principaux modules :

1. **Le module d'extraction des informations sur la méta-base** : ce module a pour rôle d'accéder à l'entrepôt implémenté sous *Oracle* avec les informations de connexion (nom

utilisateur, mot de passe,etc.) et puis collecter des données de la méta-base nécessaires pour la conception physique. Les informations extraites peuvent être des informations sur le schéma logique de l'entrepôt (tables, les attributs des tables,..) ou même des informations sur l'implémentation physique de l'entrepôt : les techniques d'optimisation utilisées, les statistiques sur les tables et ces attributs (cardinalité, nombre de tuples, etc).

2. **Module de d'analyse syntaxique des requêtes** : ce module importe la charge de requêtes à partir d'un fichier externe. La charge sera analysée syntaxiquement afin d'extraire les données nécessaires pour la conception physique : liste des tables, attributs, clauses de chaque la requêtes, etc.
3. **Le module de classification des requêtes** : à partir de l'ensemble des requêtes de la charge globale Q, ce module permet de classifier les requêtes en deux sous-charges $Charge\_FH$ et $Charge\_IJB$, respectivement, en utilisant l'algorithme de data mining *K-means*. Cet algorithme classifie les requêtes selon un poids calculé à partir de deux critères : la sélectivité de la requête et la cardinalités de ses attributs.
4. **Le module de sélection du schéma de fragmentation** : ce module est basé sur l'utilisation d'un algorithme de sélection (AG dans notre cas), il prend en entrée les paramètres : la taille de la population, la contrainte W de nombre de fragments faits maximum, taux de croisement, taux de mutation, etc.)

   ce module prend en entrée une charge de requêtes Q, le schéma de l'entrepôt, un ensemble d'attributs de sélection, ainsi que le seuil *W* du nombre de fragments faits maximaux ainsi que les paramètres : la taille de la population, taux de croisement,taux de mutation, etc.). Il donne en sortie un schéma de fragmentation SF. La sélection du schéma de FH est effectuée en utilisant l'algorithme génétique. Ce module ne prend pas en entrée les mêmes données dans les démarches FHSeul, et les trois démarches de FH&IJB, les différences sont décrites comme suit :
   - **Pour FHSeul** : il prend en entrée toutes les requêtes de la charge globale Q, le seuil W et les attributs avec ses sous-domaines extraits des prédicats de sélection de Q.
   - **Pour FH&IJB Simple et FH&IJB avec affinement** : le module reçoit en entrée la sous-charge $Charge\_FH$ (issue de l'application de la classification des requêtes de la charge Q avec K-means) ainsi que les attributs de sélection extraits des prédicats de sélection de $Charge\_FH$.
   - **Pour FH&IJB avec classification d'attribut** : le module sélectionne un schéma de fragmentation sur les attributs de la classe d'attributs $Classe\_FH$ et vise à optimiser le coût d'exécution de la charge globale Q.
5. **Module de sélection des IJB** : ce module permet de sélectionner une configuration d'IJB en prenant en compte les paramètres des algorithmes utilisés (le support minimal minsup, la contrainte de l'espace de stockage S, l'algorithme de sélection (Close, DynaClose, Charm, DynaCharm)). Il génère par la suite une configuration d'IJB à l'aide d'un algorithme glouton. Il prend en entrée l'espace alloué pour les IJBs, un schéma d'entrepôt de données (fragmenté ou non), une charge de requêtes et un ensemble d'attributs candidats. Ce module n'est pas utilisé de la même façon par les approches IJBSeul, et les trois démarches de FH&IJB.

- **Pour IJBSeul** : les IJB dans ce cas ne sont pas fragmentés. Ils sont créés sur l'entrepôt non fragmentés, les vecteurs de bits dans ces index référencent alors tous les n-uplets de la table des faits. s
- **Pour FH&IJB simple** : il reçoit la sous-charge *Charge_IJB* issue de l'application de la classification des requêtes avec *K-means*, les attributs indexables extraits de *Charge_IJB* avec un des quartes algorithmes : Close, Dynaclose, Charm, Dynacharm.
- **Pour FH&IJB avec affinement** : le module de sélection d'IJB est utilisé en premier temps, de la même façon de *la démarche FH&IJB simple*. Cependant, ce même module va être exécuté pour sélectionner une configuration supplémentaire d'IJB *Configsup* pour optimiser les requêtes non bénéficiaires du processus de fragmentation. La sélection de *Configsup* doit respecter la contrainte de l'espace de stockage *S'* tel que S'=S-Taille(ConfigIJB).
- **Pour FH&IJB avec classification d'attribut** : dans ce scénario, les attributs candidats à l'indexation sont les attributs de la classe *Classe_IJB* issue de la classification d'attributs de sélection de la charge globale Q.

Dans les démarches de sélection multiple (FHIJBS, FHIJBA et FHIJBC), les IJB sont locaux et fragmentés de la même manière que la table des faits. Chaque fragment de l'index est créé sur un fragment de la table des faits et ne référence que les n-uplets de fragment.

6. **Module de génération des scripts d'implémentation** : ce module a pour rôle d'automatiser l'implémentation des techniques d'optimisation sélectionnées en générant les scripts nécessaires. Il reçoit en entrée les structures d'optimisation sélectionnées et donne en sortie les scripts en *PLSQL* qui permettent d'implémenter ces structures. Les résultats de ce module dépend de la démarche d'optimisation adoptée :
   - **Pour FHSeul** : le module génère les scripts d'implémentation de schéma de fragmentation SF. Il génère aussi les scripts de création des structures temporaires utilisées pour l'implémentation de la FH.
   - **Pour IJBSeul** : le module génère les scripts de création d'IJB à partir des attributs de la configuration d'IJB sélectionnée. Le script permettant de créer un IJB sur l'attribut de sélection *A* est :
     ```
     CREATE BITMAP INDEX IJB
     ON TFait (TDimension.A)
     FROM TFait, TDimension
     WHERE TFait.Id_Dimension = TDimension.Id
     ```
   - **Pour les trois démarches de FH&IJB** : le module fonctionne de la même façon que les scénarii FHSeul et IJBSeul, il génère les scripts de fragmentation selon le SF sélectionné et les IJB selon la configuration d'IJB. La seul différence est que la création d'un IJB se fait en local.

7. **Module de réécriture** : afin de bénéficier des processus de sélection des structures d'optimisation, les requêtes de la charge Q doivent être récrites selon ces structures. Le module de réécriture a pour but la réécriture de l'ensemble des requêtes sur les sous schémas en étoile générés par le processus de fragmentation suivis par l'ajout des commentaires(*hints*) dans chaque requête pour forcer l'utilisation des IJB générés par le module de sélection

d'IJB.
Le principe de la réécriture des requêtes dans un schéma fragmenté est illustré dans section 3.1.4 chapitre III.
La réécriture des requêtes sur les IJB a pour but de forcer l'optimiseur à utiliser les index de la configuration d'IJB sélectionnée. Cela est possible en utilisant les *Hints*. L'utilisation d'un "hint" permet, par un commentaire, de transmettre des instructions à l'optimiseur de façon à préconiser un plan d'exécution pour une requête. Le "hint" peut optionnellement spécifier un ou plusieurs index, la syntaxe d'écriture d'un hint est la suivante :

```
SELECT /*+INDEX(T[index_1], [index_2], ..., [index_n])*/
FROM clause_from WHERE clause_where...
```

Où $index\_1, ..., index\_n$ représentent des index créés sur la table T.
Exemple : Pour forcer l'utilisation d'un index par l'optimiseur :

```
SELECT /*+INDEX(Ventes bji_vente )*/, sum(prix_vente)
FROM Ventes V,Produit P
WHERE V.PID =P.PID AND P.Classe = 'A';
```

Dans cet exemple, l'index bji_vente sur la table *Ventes* sera utilisé quel que soit le choix de l'optimiseur.

5 Présentation du l'outil de sélection

Nous présentons dans cette section l'outil que nous avons développé nommé *DwOptimiser* pour implémenter et tester notre approche. Cet outil permet à l'AED de fragmenter son entrepôt de données et/ou de l'indexer en sélectionnant un schéma de FH et/ou une configuration d'IJB. Il lui permettre de choisir le type de sélection isolée ou multiple de la FH et d'IJB suivant un des 4 modes de sélection d'implémentation proposées (FHSeul, IJBSeul,FH et FH&IJB simple, FH&IJB avec Affinement), les paramètres des algorithmes utilisés, les contraintes de sélection(S,W), etc.

Langage	**Environnement de développement**	**Librairie**	
JAVA	Eclipse Juno [74]	JGAP [75]	SPMF [76]
		Algorithme génétique	Les Algorithmes k-means, Close,Charm

Tableau IV.1 – Fiche descriptif de l'outil DwOptimiser.

DwOptimiser implémente 6 algorithmes, un algorithme pour la classification des requêtes, 4 algorithmes pour la sélection d'IJB, et un algorithme pour la sélection de FH. Le tableau IV.1 présente une description générale de l'outil.
Nous allons présenter dans ce qui suit, les principales fonctionnalités de *DwOptimiser*.

5.1 Fonctionnalités de l'outil

Les principales fonctionnalités offertes par l'outil sont :

- Visualiser l'état de l'entrepôt ainsi que la charge de requêtes,
- Paramétrage et le choix du mode d'optimisation,
- Visualiser les résultats d'optimisation,
- Génération des scripts d'implémentation et la réécriture des requêtes.

5.1.1 Visualisation de la charge et l'état courant de l'entrepôt

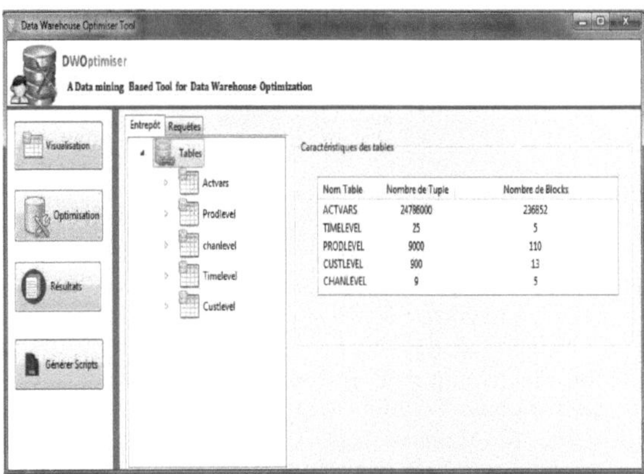

Figure IV.3 – Visualisation de l'état de l'entrepôt.

Cette fonctionnalité permet de visualiser les requêtes de la charge de requêtes Q (figure IV.3) ainsi que l'état de l'entrepôt de données pour avoir une vue globale sur le schéma de l'entrepôt (table de faits, tables de dimension, quelques statistique sur les tables, etc). Ces données sont extraites par le module de méta-base. Cette fonctionnalité est présentée dans la figure IV.3.

5.1.2 Paramétrage de choix du mode d'optimisation

En cliquant sur le bouton *Optimisation*, l'AED peut :

(a) Choisir la démarche de sélection parmi celles proposées (sélection isolée ou combinée de FH et IJB).

(b) Paramétrer les algorithmes appropries pour chaque mode d'optimisation (algorithme génétique, algorithme d'extraction des motifs fréquents fermés, K-means). Ces paramètres vont être introduits à l'API JAVA relative à l'implémentation de chaque algorithme.

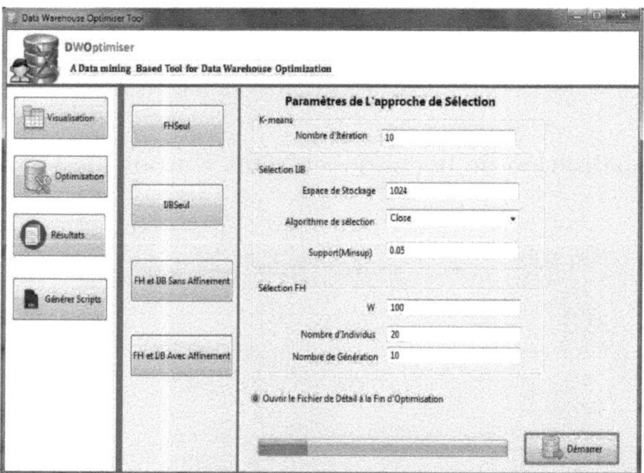

Figure IV.4 – Paramétrage de la démarche d'optimisation avec DwOptimiser.

(c) Sélectionner les techniques d'optimisation selon le mode d'optimisation choisis pour la sélection combinée. L'administrateur peut affiner sa conception en appliquant un autre processus d'optimisation pour minimiser le coût d'exécution des requêtes non bénéficiaires (figure IV.4).

5.1.3 Visualiser les résultats d'optimisation

Cette fonctionnalité permet de montrer les résultats obtenus des processus de sélection (les sous-charges issues du module de classification pour le mode de sélection combinée de FH et IJB, attributs utilisés pour la fragmentation, la configuration d'IJB, ainsi que les requêtes non bénéficiaires). Tous les résultats des processus de sélection sont enregistrés dans un fichier texte pour garder la trace de déroulement de processus de sélection. Ce fichier peut être utilisé ultérieurement par l'AED pour des raisons d'analyse. (figure IV.5)

5.1.4 Génération des scripts d'implémentation et réécriture des requêtes :

Cette fonctionnalité a pour rôle de générer les scripts de création et la réécriture des requêtes selon le mode d'optimisation choisi. Ces deux opérations sont disponibles en cliquant sur le bouton *Générer Script* et *Réécriture des requêtes*. Les figures IV.6,IV.7 présentent l'interface de chaque opération.

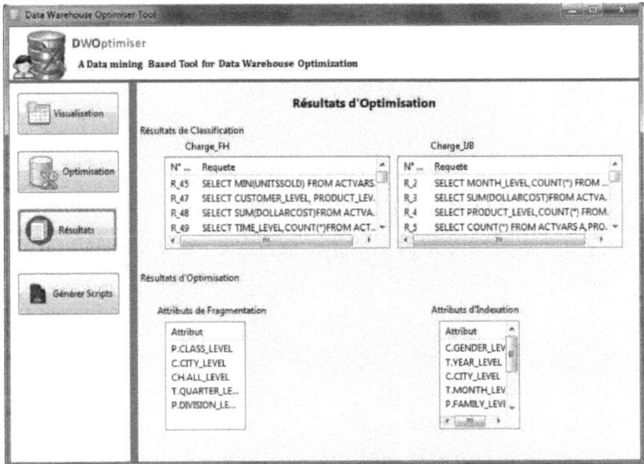

Figure IV.5 – Résultats d'optimisation.

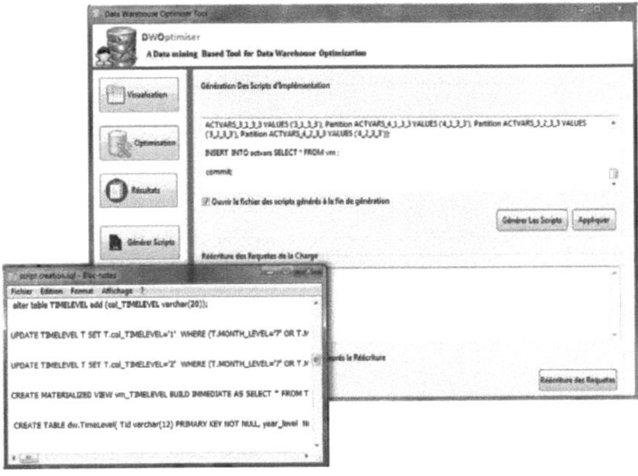

Figure IV.6 – Exemple de génération des scripts.

6 Environnement expérimental

Pour évaluer et tester l'efficacité de notre approche de sélection combinée de FH et IJB, nous avons utilisé un entrepôt de données réel issu du Benchmark APB-1 release II [73] sous *Oracle 11g R2*. Le schéma en étoile que nous avons dégagé à partir de ce banc

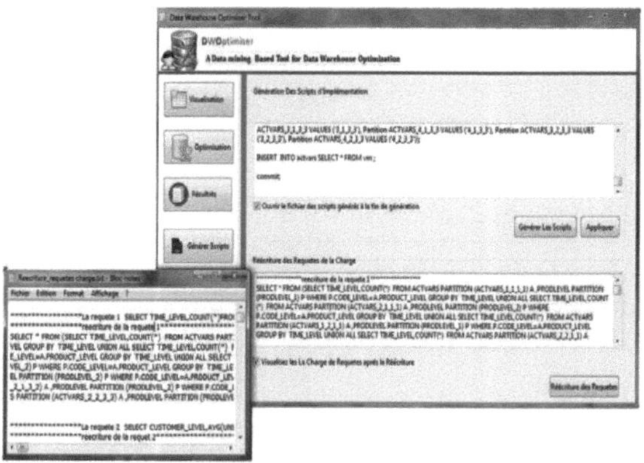

Figure IV.7 – Exemple de réécriture des requêtes.

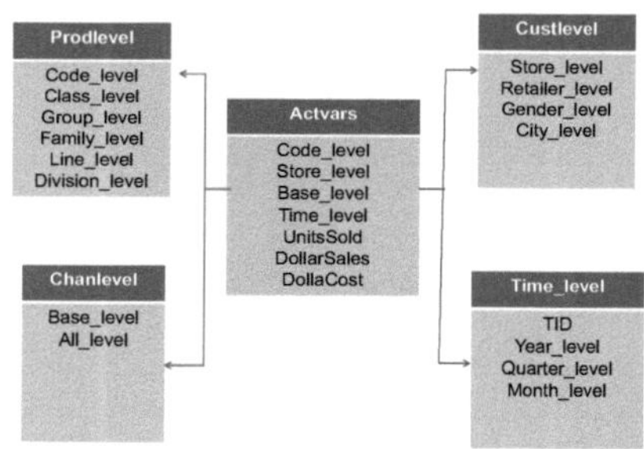

Figure IV.8 – Schéma de l'entrepôt issu de benchmark APB1.

d'essai est constitué d'une table des faits Actvars(24786 000 tuples), et quatre tables de dimension : Prodlevel (9 000 tuples), Custlevel (900 tuples), Timelevel (24 tuples) et Chanlevel (9 tuples).(Figure IV.8)

(a) **Entrepôt expérimental** : Le chargement de l'entrepôt est réalisé avec l'outil *SQL-Loader* fourni avec *Oracle11g* à l'aide des fichiers de contrôles que nous avons créés. La figure IV.9 montre le chargement de l'entrepôt en utilisant l'outil de génération *APB.EXE* fourni avec le banc d'essai APB-1 [73].

(b) **Charge des requêtes** : Nous avons utilisé 55 requêtes définis sur 12 attributs

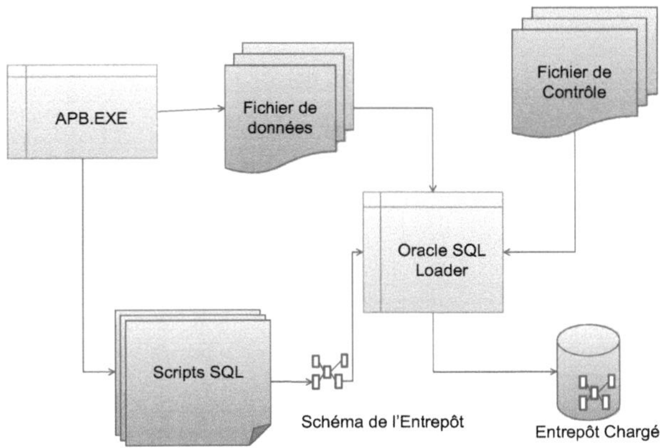

Figure IV.9 – Chargement de l'entrepôt issu du benchmark APB1.

(Class_Level, Group_Level, Family_Level, Line_Level, Division_Level, Year_Level, Month_Level, Quarter_Level, Retailer_Level, City_Level, Gender_Level, All_Level). L'outil de sélection est développé en java avec l'IDE Eclipse [74] sur une machine Intel Dual-core de 3Go de RAM.

7 La mise en œuvre de l'approche proposée : Exemple d'application

Nous allons montrer dans cette section la mise en œuvre de notre démarche de sélection combinée sur le banc d'essai pour un espace S=700Mo et un nombre de fragments W=30. Nous allons présenter le déroulement ainsi que les résultats obtenus pour un extrait EQ de la charge de requêtes globale (voir Annex). L'extrait de la charge EQ est composé de 10 requêtes choisies aléatoirement (Q17, Q12, Q29, Q41, Q36, Q52, Q39, Q5,Q9,Q44).

7.1 Classification des requêtes

Dans cette première étape, nous allons calculer le poids de classification pour chaque requête de l'EQ exprimé des deux critères : la sélectivité et somme de cardinalités des attributs de chaque requête. Le tableau IV.2 présente le poids associe à chaque requête.

Requête	Sélectivité	Somme cardinalités	Sélectivité Normalisé	Cardinalité Normalisé	Poids	Poids Translaté
R1	0.058	12	-1.75	-1.94	-3.69	1.31
R2	0.29	4	4.65	-2.067	2.588	7.588
R3	0.22	6	2.739	-2.03	0.70	7.70
R4	2.98E-5	182	-3.36	0.697	-2.67	2.33
R5	3.68E-5	167	-3.36	7.45	4.085	9.085
R6	0.23	4	2.97	-2.06	0.909	5.909
R7	9.039E-5	121	3.365	-0.25	-3.61	2.39
R8	0.176	4	1.48	-2.067	-0.58	4.42
R9	0.245	4	3.367	-2.067	1.299	6.299
R10	4.172E-7	417	-3.368	4.346	0.978	5.978

Tableau IV.2 – Calcul du poids de classification.

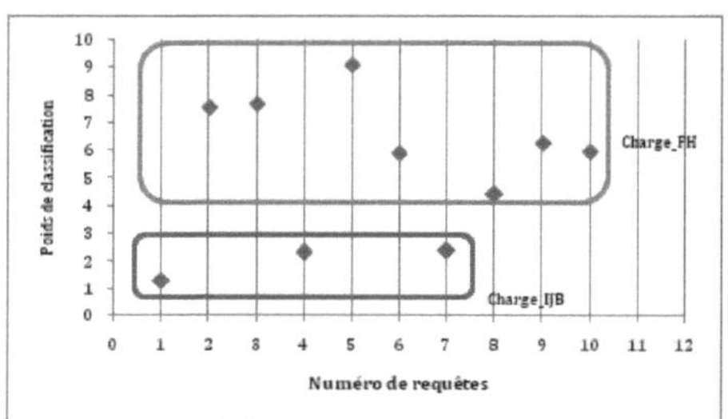

Figure IV.10 – Exemple de classification des requêtes.

Charge_FH	Charge_IJB
R2, R3, R5, R6, R8, R9, R10	R1, R4, R7

Tableau IV.3 – Résultats de classification.

Les résultats de classification des requêtes sont présentés dans le tableau IV.3 et figure IV.10 :

7.2 Optimisation de l'entrepôt avec FH et IJB

À partir des sous-charges de requêtes issues du processus de classification, notre approche consiste à générer le schéma de fragmentation horizontale quasi optimal pour $Charge\_FH$ et une configuration d'IJB visant à optimisé $Charge\_IJB$.

Schéma de fragmentation		Configuration d'IJB
Attribut	**Sous-domaines**	**Attribut**
All_Level	EEEEEE, DDDDDD, Rest_domain(All_level)	Gender_Level
Class_Level	NC2E103D3JTQ ,Rest_domain(Class_level)	Month_Level
Quarter_Level	Q2,Rest_domain(Quarter_level)	Year_Level
Group_Level	DH5NTBJ5LAT5,Rest_domain(Group_Level)	

Tableau IV.4 – Résultats d'optimisation.

Le tableau IV.4 représente le schéma de fragmentation ainsi que la configuration d'IJB sélectionnés.

Le schéma de fragmentation sélectionné fragmente l'entrepôt en utilisant 4 attributs : *Class_Level*, *Group_Level*,*Quarter_Level*, *All_Level*. L'entrepôt sera indexé avec les 3 attributs de la configuration sélectionnée *Gender_Level*, *Month_Level*, *Year_Level*.

Nous constatons que dans notre exemple l'ensemble des attributs communs est un vide, dans le cas contraire, l'AED peut choisir d'indexer et/ou fragmenter avec les attributs communs. Par défaut, nous avons utilisé ces attributs pour FH et IJB en même temps.

Dans le cas de scénario *FH&IJB avec affinement*, nous allons sélectionner une configuration d'IJB supplémentaire qui vise à optimiser les requêtes non bénéficiaires de processus de fragmentation pour un seuil de bénéfice $\lambda = 0.6$. Cela signifie qu'une requête doit présenter un taux de réduction de coût supérieur ou égale à 60%.
L'algorithme glouton prend en entrée 5 attributs : *City_Level*, *All_Level*, *Line_Level*, *Family_Level*, *Retailer_Level*, les requêtes non bénéficiaires et l'espace de stockage restant S' (S'=S-Taille(ConfigIJB)).
Deux autres IJBs ont été sélectionnés par cet algorithme : les IJBs défini sur les attributs *City_Level*, *All_Level*. La configuration d'IJB finale est constituée donc des 5 attributs suivants : *Gender_Level*, *Year_Level*, *Month_Level*, *City_Level*, *All_Level*.

8 Étude expérimentale

Nous allons présenté, dans cette section, les performances des démarches de notre stratégie d'optimisation : (a) sans techniques d'optimisation que nous appelons (SansTO), (b) FHSeul, (c) IJBSeul, (d) FH&IJB simple (FHIJBS), (e) FH&IJB avec Affinement (FHIJBA) (f) FH&IJB avec classification d'attributs(FHIJBC).
Cela permet de montrer l'efficacité de notre approche à travers de multiples expériences. L'évaluation des différentes démarches est réalisé en utilisant le banc d'essais *APB-1* sous le SGBD *Oracle 11g*. Nous avons utilisé l'optimiseur d'Oracle pour estimer le coût d'exécution des requêtes de la charge.

8.1 Évaluation de coût d'une requête à l'aide de l'optimiseur

Soit une requête R suivante :

Select * From Table Where Attribut='Valeur'

Il possible d'estimer le coût d'exécution de R à travers les deux commandes SQL suivantes :

(a) EXPLAIN PLAN SET *STATEMENT_ID* = 'R' FOR SELECT * FROM table WHERE attribut='Valeur'

(b) SELECT Cost FROM *Plan_Table* WHERE *STATEMENT_ID* = 'R'

La première commande permet de visualiser le plan d'exécution choisi par l'optimiseur pour exécuter la requête R et d'estimer par la suite le coût d'exécution de R. Ce coût est stocké dans la colonne *Cost* de la table système *Plan_Table*. Ce coût est extrait en exécutant la deuxième commande.

8.2 Évaluation de scénario IJBSeul avec variation de l'algorithme de sélection

Dans la première expérimentation, nous avons testé l'approche IJBSeul selon l'algorithme de sélection utilisée parmi celles proposées (Close, Charm, DynaClose, DynaCharm). Le tableau IV.5 présente la configuration d'IJB sélectionnée par chaque algorithme. Nous présentons pour chaque configuration les attributs de dimension indexés ainsi que l'espace de stockage occupé par ces index pour un espace de 1Go.

Algorithme de Sélection	**Attributs indexés**	**Espace occupé (Mo)**
Close	*gender_level,year_level,city_level,all_level, family_level,Division_level,month_level,quarter_level, retailer_level*	617.57
Dynaclose	*year_level,city_level,line_level,division_level,family_level*	298.43
Charm	*gender_level,year_level,city_level,all_level, family_level,Division_level,month_level,quarter_level, retailer_level*	617.57
Dynacharm	*year_level,city_level,line_level,division_level,family_level*	298.43

Tableau IV.5 – Caractéristiques des configurations d'IJB générées par chaque algorithme de sélection.

Pour évaluer les performances de la démarche *IJBSeul*, nous avons fait varier l'espace alloué pour la configuration d'IJB de 100 jusqu'à 6000 Mo. La figure IV.11 montre les résultats de ces expérimentations en implémentant physiquement les configurations générées par chaque algorithme.

Dans cette expérimentation, nous constatons que le coût d'exécution diminue quand l'occupation de l'espace de stockage augmente. Cela est prévisible, dans le sens où on peut créer un plus grand nombre d'index et donc améliorer davantage de coût d'exécution. Nous expliquons ces résultats par le fait que les index bitmap de jointure pré-calculent un plus grand nombre de jointures, ils améliorent davantage le coût d'exécution de ces dernières.

Les algorithmes Close et Charm donnent des meilleurs résultats que DynaClose et DynaCharm ce qui ne coïncide avec les travaux de Bellatrache et al [61]. Nous pensons que cela est dû au fait que la charge de requêtes utilisé par les auteurs, ou plus précisément

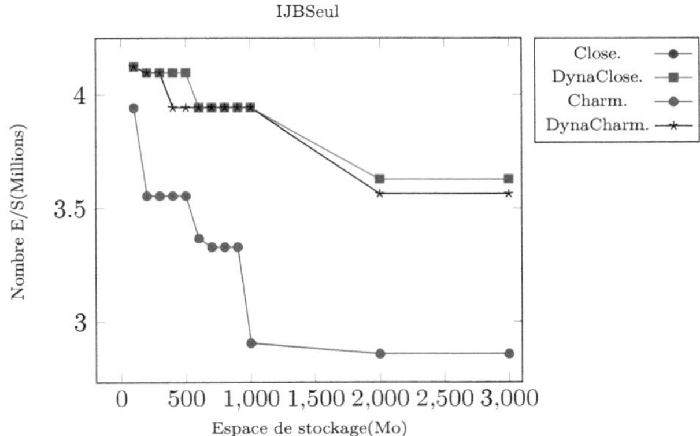

Figure IV.11 – Estimation du coût exécution requêtes pour IJBSeul

les fréquences des prédicats définis sur les tables de dimension volumineuses, diffère avec les nôtres.

En tenant l'exemple de la table *Prodlevel* qui est la table de dimension la plus volumineuse de banc d'essai utilisé, nous avons contacté que les fréquences des prédicats définis sur les attributs de sélection de la table sont inférieur à celle de la table *Timelevel* d'où la majorité des IJBs sélectionnés sont définis sur les attributs de sélection de la table *Timelevel* et cela justifie le fait que l'algorithme glouton les sélectionnent puisqu'ils apportent une amélioration par rapport aux attributs des autres tables.

Rappelons que les algorithmes DynaClose et DynaCham pénalisent les motifs contenant des attributs des tables de faibles tailles selon la métrique *Fitness* (voir section 3.3 chapitre II).

Dans la figure IV.12, nous représentons le taux de réduction de coût d'exécution des requêtes de la charge en fonction de l'espace de stockage alloué à ces index et de la nature de l'algorithme de sélection utilisé.

Les résultats montrent que l'algorithme *Close* fournis le meilleur taux de réduction de coût suivi par *Charm*, *DynaCharm* et puis *DynaClose*. Le taux augmente en fonction de l'espace de stockage. Plus on dispose d'espace, plus on crée d'index et par conséquent plus on améliore le coût d'exécution des requêtes. Cette expérimentation montre également que la sélection d'index basée sur l'extraction des motifs fréquents fermés est efficace pour garantir l'exploitation des index par les requêtes de la charge.

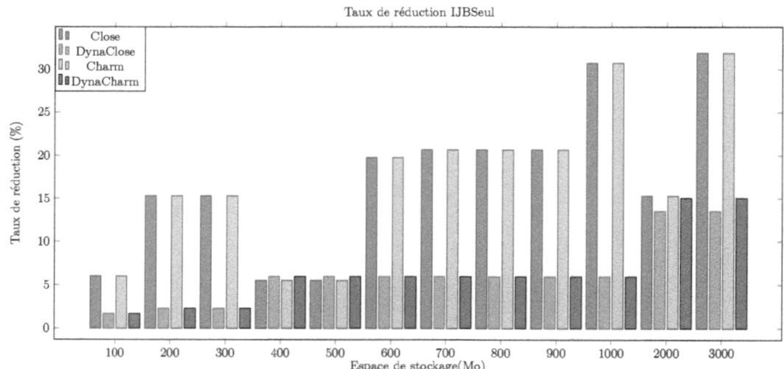

Figure IV.12 – Taux de réduction de coût avec variation d'algorithme de sélection IJB

8.3 Test IJBSeul et FHSeul

Dans ces expérimentations, nous avons comparé les deux approches *FHSeul* et *IJBSeul*. Dans la première expérience, nous avons choisis pour *IJBSeul* l'algorithme Close et fixé l'espace de stockage d'IJB à 1Go et faire varie W de 40 à 300. Pour la deuxième expérience, nous avons relâché la contrainte d'espace S de IJBSeul pour un nombre de fragments W=200.
Les figures IV.13,IV.14 montrent respectivement les résultats des deux expériences en estimant le coût avec l'optimiseur.

Les résultats de comparaison ont montré que FHSeul est plus performante que IJBeul dans les deux expériences. Cependant, nous avons constaté que l'approche IJBSeul apporte un taux de réduction considérable pour les 7 requêtes utilisant la fonction Count(*) vue que dans ce type de requêtes chargent uniquement les IJB et n'accède pas à la table des faits. Ce constat est très intéressant du fait qu'il donne des recommandations à l'AED pour bien administrer son entrepôt. Pour des requêtes utilisant des opérations count(*) sans groupement, il est très bénéfique d'utiliser seulement les IJB [46].

9 Évaluation des démarches de sélection combinée FH&IJB

Pour montrer les performances de notre approche de sélection conjointe FH&IJB, nous avons menés plusieurs expériences. Nous avons utilisé, dans un premier temps, l'algorithme génétique pour la sélection de FH avec W de 40 à 300. Pour FH&IJBS et FH&IJBA, les IJB ont été sélectionnés avec l'algorithme Close pour un espace de 1Go.

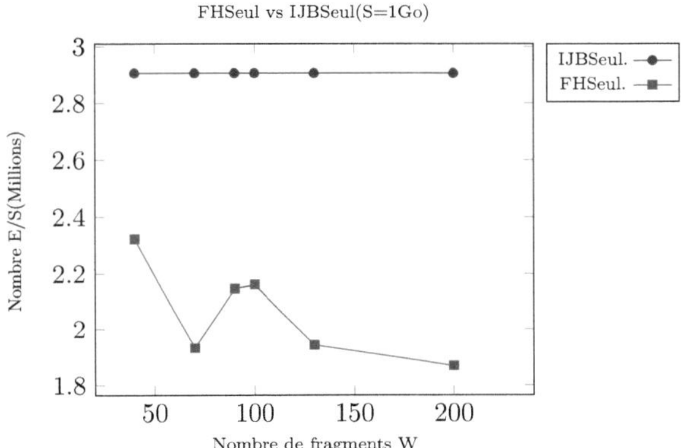

Figure IV.13 – Test FHSeul vs IJBSeul pour S=1Go

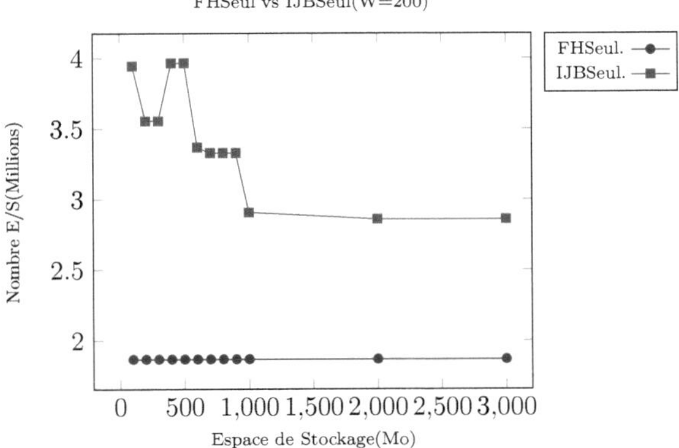

Figure IV.14 – Test FHSeul vs IJBSeul pour W=200

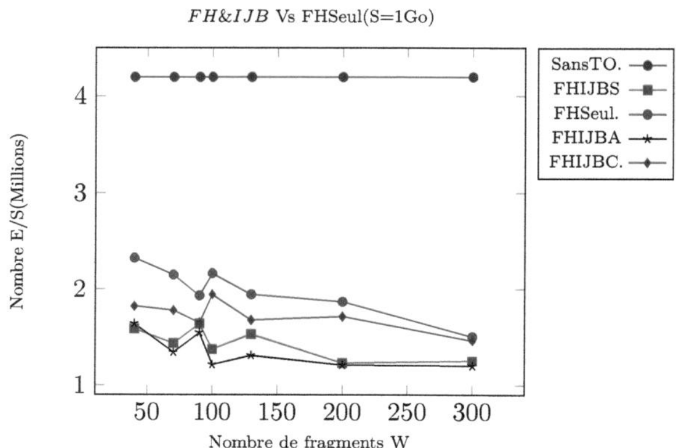

Figure IV.15 – Comparaison des démarches de $FH\&IJB$ Vs FHSeul Pour S=1Go

La démarche FH&IJB avec affinement (FH&IJBA) a pour but d'exploiter au maximum l'espace alloué pour les IJB ce qui permet de maximiser l'optimisation des requêtes décisionnelles. Pour évaluer l'approche FH&IJBA nous fixons $\lambda = 0.6$.

Les figures IV.15,IV.16 montrent respectivement les résultats de ces expériences et le taux de réduction de coût d'exécution de la charge de requêtes pour les quatre démarches *FHSeul*, *FH&IJB Simple*, *FH&IJB avec affinement* et *FH&IJB avec classification.*

Les deux démarches de notre approche(FHIJBS, FHIJBA) sont les plus performantes que *FHSeul* et *FH&IJB avec classification d'attributs* du fait qu'un grand nombre d'IJB ont été sélectionnés (7 à 9 IJB mono-attributs) *pour FH&IJB Simple*, de 8 à 10 IJB pour *FH&IJB avec affinement* sur un espace de stockage de 1Go cela présente plus que la moitie des index candidats. Cependant que 3 à 5 IJB sont sélectionnés pour *FH&IJB avec classification* sur le même espace.

Nous remarquons que *FH&IJB avec affinement* améliore les performances des requêtes décisionnelles de façon significative. Elle représente la meilleure approche par rapport à *S* et *FHSeul.* Mais elle est légèrement meilleure que *FH&IJB Simple* et *FH&IJB avec classification.*

La performance de *FH&IJB avec affinement* dépend largement de l'espace de stockage des IJB restant ainsi que le choix de λ qui détermine les requêtes bénéficiaires du processus de fragmentation. Dans le cas où l'espace restant n'est pas suffisant pour créer d'autres IJB qui améliorent le gain des performances, la démarche *FH&IJB avec affinement* donne les mêmes résultats de *FH&IJB Simple.*

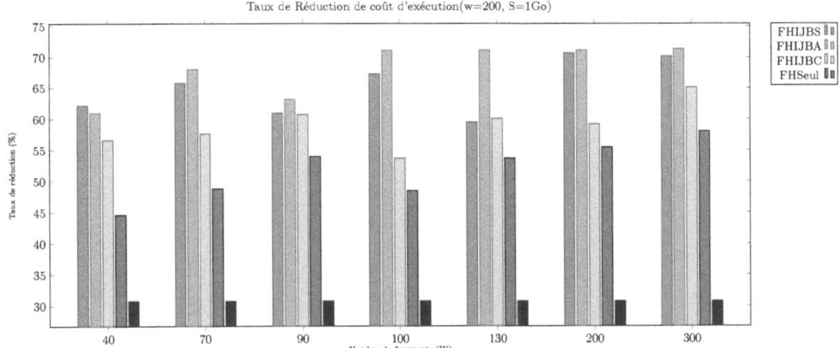

Figure IV.16 – Taux de réduction de coût.

Les résultats de la figure IV.16 ont montré que nous obtenons un gain de performance moyen qui dépasse 71% dans les deux démarches de notre approche, ce qui présente une amélioration considérable.

Nous avons comparé, dans un second temps, les démarches de notre approche avec *IJB-Seul*. Dans ces expériences, nous avons fixé W à 200 pour *FH&IJB Simple* et faire varié S de 100 à 3000 Mo avec l'algorithme Close comme algorithme de sélection. La figure IV.17 représente les résultats de ces expériences.

Les résultats présentés dans figure IV.17 montrent que notre démarche de sélection *FH&IJB Simple* est plus performante que les deux démarches FH&IJB avec classification d'attributs et IJBSeul pour n'importe quel valeur de l'espace de stockage inférieur à 3000. Pour un espace supérieur à 800Mo les deux démarches *FH&IJB Simple FHIJBS* et *FH&IJB avec classification (FHIJBC)*commencent à être stables vue qu'il n y aucun autre IJB qui peut être sélectionné et qui présente une amélioration.

10 Conclusion

Nous avons présenté des expériences pour valider de notre approche de sélection combinée de FH et IJB. Pour cela, nous avons tout d'abord comparé les performances des algorithmes de sélection d'IJB que nous avons utilsés (Close, Charm, DynaClose, DynaCharm) en faisant varier l'espace de stockage alloué aux IJB. Les résultats que nous avons obtenus montrent que l'algorithme Close permet de meilleures performances que les autres lors du traitement des requêtes décisionnelles.

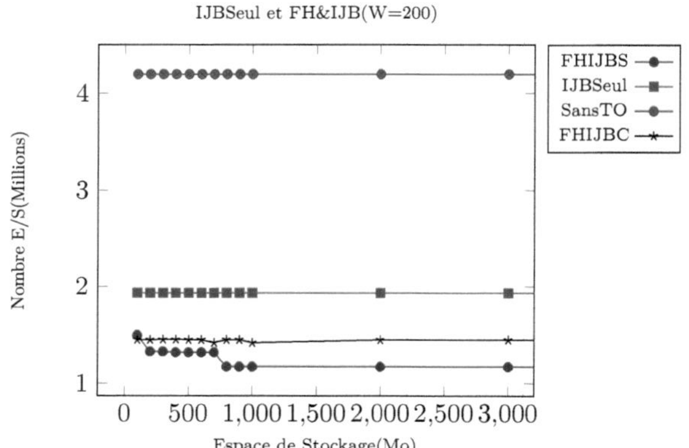

Figure IV.17 – Test comparatif IJBSeul et FH&IJB pour W=200

Nous avons par la suite évalué notre approche de sélection conjointe basée sur la classification des requêtes avec l'algorithme K-means. Deux démarches sont proposées dans cette approche : FH&IJB Simple et FH&IJB avec affinement.

Avec ces deux démarches de sélection, nous obtenons un gain de performance plus élevé que celui obtenu par la sélection isolée de FH et IJB.

Nous avons finalement comparé le taux de réduction de coût d'exécution des requêtes. Le taux de la démarche *FH&IJB avec affinement* est nettement meilleur que ceux de *FHSeul* et *IJBSeul* et aussi *FH&IJB Simple*, ce qui permet un gain de performance considérable lors du traitement des requêtes décisionnelles. Nous avons clairement montré dans ce chapitre l'efficacité de la sélection multiple par rapport à la sélection isolée des techniques d'optimisation.

Conclusion générale et perspectives

11 Bilan général

Dans ce travail, nous nous sommes intéressés au problème de la performance des entrepôts de données et la problématique de la complexité des requêtes décisionnelles qu'ils l'interrogent. Ces requêtes détériorent de manière significative les performances de l'entrepôt lors d'une interrogation portant sur de gros volumes de données.

Nous nous sommes plus particulièrement intéressés à la sélection des techniques d'optimisation. Pour cela, nous nous sommes attachés dans ce livre à proposer une nouvelle approche basée sur le partage des requêtes pour résoudre le problème de sélection combinée de FH et IJB. Cette approche est composée de deux partie : (1) la conception physique et (2) l'affinement de la conception, le dernier point présentant une amélioration des résultats obtenus de la premier partie.

Dans les deux parties nous avons utilisé des algorithmes de data mining (k-means, Close, Charm), le premier algorithme est utilisé pour répartir la charge de requête en deux sous-charge. Chaque sous-charge est associée à un processus d'optimisation d'une technique selon des critères de classification. Ce partage de requêtes permet de réduire la complexité des problèmes de sélection des techniques d'optimisation. Les deux algorithmes Close et Charm avec les algorithmes DynaClose, Dynacharm sont utilisés pour la sélection d'une configuration d'IJB pour optimiser le temps d'exécution des requêtes de la charge. Nous avons utilisé aussi l'algorithme génétique pour la sélection du schéma de fragmentation.

Dans la deuxième partie de l'approche, nous avons proposé des améliorations de la conception physique. Cette amélioration vise principalement à optimiser l'ensemble des requêtes non bénéficiaires de la conception physique. Pour valider notre approche, nous avons mené plusieurs expérimentations sur un benchmark sous Oracle 11g. Les résultats expérimentaux que nous avons obtenus montrent que notre approche de sélection combinée de FH et IJB est efficace suivant les points suivants :

- Nous avons atteint notre objectif d'améliorer le temps de traitement des requêtes décisionnelles.
- La recherche de motifs fréquents fermés est une bonne heuristique pour réduire l'espace de recherche des index candidats. En effet, cette heuristique cible les attributs fréquemment utilisés ensemble qui sont des bons générateurs des index candidats.

- Nous obtenons un gain de performance plus élevé que celui obtenu par la sélection isolée de FH et IJB.
- Nous avons montré clairement l'efficacité de la sélection multiple par rapport à la sélection isolée que des techniques d'optimisation.
- Notre approche basée sur la classification transforme le problème de la sélection combinée de FH et IJB en un problème plus simple qui ressemble à un problème de sélection isolée. Elle permet ainsi d'affecter chaque requête de la charge à la technique qui lui apporte le plus de bénéfice en tenant compte sa sélectivité et les cardinalités de ses attributs. Elle permet de respecter les contraintes exigées par l'AED du nombre de fragments maximum sur FH et de l'espace alloué aux IJB.

12 Perspectives de recherche

En complément de la recherche effectuée, le travail réalisé dans ce livre ouvre diverses perspectives de recherche :

(a) Dans ce livre, nous nous sommes restreints à utiliser seulement les index et la fragmentation horizontale vue les similarités qu'elles présentent. Cependant, d'autres similarités peuvent exister entre les techniques d'optimisation, nous citons à titre d'exemple celle entre les vues et les index. Nous pensons alors qu'il serait intéressant de refaire le même travail en considérant les techniques qui présentent des similarités.

(b) En s'inspirant des travaux de Aouiche [77], nous proposons de classifier les requêtes ayant une syntaxe similaire et de sélectionner pour chaque classe, une requête représentative dont sa syntaxe est également proche des requêtes de la même classe.

(c) L'approche de sélection que nous avons proposée se base sur une charge de requêtes statique. Cependant, la charge de requêtes sur laquelle est effectuée l'optimisation peut évoluer et devenir obsolète. Pour rendre notre approche dynamique et incrémentale, nous pensons à utiliser, pour la classification des requêtes, la technique de la classification non supervisée dynamique [78]. Pour la sélection d'index, nous proposons d'extraire les motifs fréquents avec les techniques de la recherche incrémentale des motifs fréquents[79] qui pourrait garantir l'aspect incrémental de l'extraction des motifs fréquents.

(d) Nous envisageons de mener des expériences et des tests comparatifs de différentes stratégies d'optimisation des entrepôts avec les techniques de data mining existantes dans la littérature pour montrer l'intérêt des approches proposées et d'observer l'efficacité des techniques de data mining utilisées.

Références bibliographiques

[1] HADJ MAHBOUBI. *Optimisation de la performance des entrepôts de données XML par fragmentation et répartition.* Thèse de Doctorat, Université Lumière Lyon 2 (2008). vi, 35, 36

[2] BENAMEUR ZIANI, FRANCOIS RIOULT, AND YOUCEF OUINTEN. A constraint-based mining approach for multi-attribute index selection. In LESZEK A. MACIASZEK, ALFREDO CUZZOCREA, AND JOSÉ CORDEIRO, editors, *14th International Conference on Enterprise Information Systems*, pages 93–98. SciTePress (2012). vi, 47

[3] WILLIAM H. INMON. *Building the data warehouse.* QED Information Sciences, Inc., Wellesley, MA, USA (1992). 1

[4] JEAN-MICHEL FRANCO AND DE SANDRINE LIGNEROLLES. *Piloter l'entreprise grâce au Data Warehouse.* Solutions d'entreprise. Eyrolles, Paris (2000). 1

[5] LADJEL BELLATRECHE. *Utilisation des vues matérialisées, des index et de la fragmentation dans la conception logique et physique d'un entrepôt de données.* Thèse de Doctorat, Clermont-Ferrand 2, Grenoble (2000). 1, 2, 25, 26, 27, 28

[6] RYM BOUCHAKRI. *Une approche dirigée par la classification des attributs pour fragmenter et indexer des entrepôts de données.* Mémoire de Magister Ecole nationale Supérieure d'Informatique, Alger (2009). 2, 43, 49, 50, 54, 76

[7] KAMEL BOUKHALFA, LADJEL BELLATRECHE, AND ZAIA ALIMAZIGHI. *HP&BJI : A combined selection of data partitioning and join indexes for improving OLAP performance.* Annals of Infomation Systems, Springer, Special Issue on New Trends in DW and OLAP pages 179–201 (2008). 2, 50

[8] KAMEL AOUICHE. *Techniques de fouille de données pour l'optimisation automatique des performances des entrepôts de données.* Thèse de Doctorat, Université Lumière Lyon 2 (2005). 2, 37, 38, 41, 44, 46, 51, 54, 62

[9] MOHAMED SAID HAMANI. *Une approche à base d'ontologies floues pour la fouille de données.* Mémoire de Magister Université de M'sila septembre (2010). 4

[10] USAMA FAYYAD, GREGORY PIATETSKY-SHAPIRO, PADHRAIC SMYTH, AND TERRY WIDENER. *The KDD process for extracting useful knowledge from volumes of data.* Communications of the ACM **39**, 27–34 (1996). 4

[11] PATRICK NAÏM AND MYLÈNE BAZSALICZA. *Data mining pour le Web : profiling, filtrage collaboratif, personnalisation client.* Solutions d'entreprise. Eyrolles, Paris (2001). 4

[12] OLIVIER COUTURIER. *Contribution à la fouille de données : Règles d'association et interactivité au sein d'un processus d'extraction de connaissances dans les données.* Thèse de Doctorat, Université d'Artois, Lens décembre (2005). 4

[13] MICHAEL BERRY AND GORDON LINOFF. *Data Mining Techniques : For Marketing, Sales, and Customer Relationship Management.* John Wiley & Sons (2004). 6, 7

[14] MICHAEL BERRY AND GORDON LINOFF. *Mastering data mining : the art and science of customer relationship management.* J. Wiley & sons, New York, Chichester, Weinheim (2000). 6

[15] BRUNO AGARD AND ANDREW KUSIAK. *Exploration des bases de données industrielles a l'aide du data mining - perspectives.* 9ème Colloque National AIP PRIMECA Avril (2005). 7

[16] GUILLAUME GALAS. *Études des principaux algorithmes de data mining.* EPITA (2009). 8, 9, 11, 15

[17] CHRISTOPHE LURETTE AND STEPHANE LECOEUCHE. *Unsupervised and auto-adaptive neural architecture for on-line monitoring. application to a hydraulic process.* Engineering Applications of Artificial Intelligence **16**(5-6), 441–451 (2003). 8

[18] N. VENKATESAN S. PRABHU. *Data Mining and Warehousing.* New Age International (P) Ltd., New Delhi (2007). 9

[19] JIAWEI HAN AND MICHELINE KAMBER. *Data mining : concepts and techniques.* Morgan Kaufmann Publishers Inc., San Francisco, CA, USA (2000). 9, 12, 15

[20] XINDONG WU AND VIPIN KUMAR. *The Top Ten Algorithms in Data Mining.* Chapman & Hall/CRC, 1st edition (2009). 10

[21] MIHAELA COCEA AND STEPHAN WEIBELZAHL. Validation Issues in Educational Data Mining , the case of HTML-Tutor and iHelp. In *Handbook of Educational Data Mining,* pages 377–387. Chapman Hall/CRC (2010). 10, 11

[22] HAWARAH LAMIS. *Une approche probabiliste pour le classement d'objets incomplètement connus dans un arbre de décision.* (2008). 10, 12

[23] CHAMI DJAZIA. *Une plate forme orientée agent pour le data mining.* Mémoire de Magister Université de Batna (2009). 12

[24] V. KUMAR. An introduction to cluster analysis for data mining. Technical report University of Minnesota (2000). 13

[25] NICOLAS PASQUIER, YVES BASTIDE, RAFIK TAOUIL, AND LOTFI LAKHAL. Discovering frequent closed itemsets for association rules. In *Proceedings of the 7th International Conference on Database Theory*, ICDT '99, pages 398–416, London, UK (1999). 13, 17, 39, 41, 60, 75

[26] TAN PANG-NING, STEINBACH MICHAEL, AND KUMAR VIPIN. *Introduction to Data Mining.* Addison-Wesley (2005). 14

[27] YANN LEYDIER, FRANK LEBOURGEOIS, AND HUBERT EMPTOZ. Serialized k-means for adaptative color image segmentation : application to document images and others. In *Int. Workshop on Documents Analysis Systems (DAS2004)*, Lecture Notes in Computer Science, pages 252–263. Springer septembre (2004). 14

[28] A. K. JAIN, M. N. MURTY, AND P. J. FLYNN. *Data clustering : a review.* ACM Computing surveys. **31**(3), 264–323 September (1999). 15, 16

[29] ODED MAIMON AND LIOR ROKACH. *Data Mining and Knowledge Discovery Handbook.* Springer-Verlag New York, Inc. (2010). 15

[30] WEI WANG, JIONG YANG, AND RICHARD R. MUNTZ. Sting : A statistical information grid approach to spatial data mining. In *Proceedings of the 23rd International Conference on Very Large Data Bases*, VLDB '97, pages 186–195, San Francisco, CA, USA (1997). Morgan Kaufmann Publishers Inc. 15, 57

[31] RAKESH AGRAWAL, JOHANNES GEHRKE, DIMITRIOS GUNOPULOS, AND PRABHAKAR RAGHAVAN. Automatic subspace clustering of high dimensional data for data mining applications. In *Proceedings of the international conference on Management of data*, SIGMOD '98, pages 94–105, New York, NY, USA (1998). ACM. 15

[32] GHOLAMHOSEIN SHEIKHOLESLAMI, SUROJIT CHATTERJEE, AND AIDONG ZHANG. Wavecluster : A multi-resolution clustering approach for very large spatial databases. In *Proceedings of the 24rd International Conference on Very Large Data Bases*, VLDB '98, pages 428–439, San Francisco, CA, USA (1998). Morgan Kaufmann Publishers Inc. 15

[33] IAN H. WITTEN AND EIBE FRANK. *Data Mining : Practical Machine Learning Tools and Techniques, Second Edition.* Morgan Kaufmann Publishers Inc., San Francisco, CA, USA (2005). 15

[34] RAMAKRISHNAN SRIKANT. *Fast algorithms for mining association rules and sequential patterns.* Thèse de Doctorat, The University of Wisconsin, Madison (1996). 16

[35] RAKESH AGRAWAL AND RAMAKRISHNAN SRIKANT. Fast algorithms for mining association rules in large databases. In *Proceedings of the 20th International Conference on Very Large Data Bases*, VLDB '94, pages 487–499, San Francisco, CA, USA (1994). Morgan Kaufmann Publishers Inc. 16

[36] ASHOK SAVASERE, EDWARD OMIECINSKI, AND SHAMKANT NAVATHE. An efficient algorithm for mining association rules in large databases. In *Proceedings of the 21th International Conference on Very Large Data Bases*, VLDB '95, pages 432–444, San Francisco, CA, USA (1995). Morgan Kaufmann Publishers Inc. 17

[37] MOHAMMED J. ZAKI AND CHING JUI HSIAO. Charm : An efficient algorithm for closed itemset mining. In *Proceedings of the Second SIAM International Conference on Data Mining, Arlington, VA, USA,*, pages 457–473 (2002). 17, 19, 41, 60, 75

[38] JIAN PEI, JIAWEI HAN, AND RUNYING MAO. Closet : An efficient algorithm for mining frequent closed itemsets. In *ACM SIGMOD Workshop on Research Issues in Data Mining and Knowledge Discovery*, pages 21–30 (2000). 17

[39] BAYARDO ROBERTO JAVIER. Efficiently mining long patterns from databases. In *Proceedings of the ACM SIGMOD international conference on Management of data*, SIGMOD'98, pages 85–93, New York, NY, USA (1998). ACM. 20

[40] KARAM GOUDA AND MOHAMMED JAVEED ZAKI. Efficiently mining maximal frequent itemsets. In *Proceedings of the IEEE International Conference on Data Mining*, ICDM'01, pages 163–170, Washington, DC, USA (2001). IEEE Computer Society. 20

[41] DAO-I LIN AND ZVI M. KEDEM. Pincer search : A new algorithm for discovering the maximum frequent set. In *Proceedings of the 6th International Conference on Extending Database Technology : Advances in Database Technology*, EDBT'98, pages 105–119, London, UK (1998). Springer-Verlag. 20

[42] TEDDY TURMEAUX, ANSAF SALLEB, CHRISTEL VRAIN, AND DANIEL CASSARD. Learning characteristic rules relying on quantified paths. In *Knowledge Discovery in Databases : PKDD 2003, 7th European Conference on Principles and Practice of Knowledge Discovery in Databases, Cavtat-Dubrovnik, Croatia*, Lecture Notes in Computer Science, pages 471–482. Springer (2003). 20

[43] AMIN Y. NOAMAN AND KEN BARKER. A horizontal fragmentation algorithm for the fact relation in a distributed data warehouse. In *Proceedings of the eighth international conference on Information and knowledge management*, CIKM'99, pages 154–161, New York, NY, USA (1999). 20, 24

[44] Ladjel Bellatreche and Kamel Boukhalfa. *La fragmentation dans les entrepôts de données : une approche basée sur les algorithmes génétiques.* Revue des Nouvelles Technologies de l'Information (EDA'2005) pages 141–160 Juin (2005). 23

[45] Ladjel Bellatreche and Kamel Boukhalfa. An evolutionary approach to schema partitioning selection in a data warehouse. In *Proceedings of the 7th international conference on Data Warehousing and Knowledge Discovery*, DaWaK'05, pages 115–125, Berlin, Heidelberg (2005). Springer-Verlag. 25

[46] Kamel Boukhalfa. *De la conception physique aux outils d'administration et de tuning des entrepôts de données.* Thèse de Doctorat, ENSMA - Université de Poitiers Juillet (2009). 25, 28, 31, 33, 48, 49, 53, 54, 60, 63, 65, 76, 90, 112

[47] Eibe Frank, Mark Hall, Geoffrey Holmes, Richard Kirkby, Bernhard Pfahringer, Ian H. Witten, and Len Trigg. Weka-a machine learning workbench for data mining. In *Data Mining and Knowledge Discovery Handbook*, pages 1269–1277. Springer US (2010). 25, 35

[48] Tamer Özsu and Patrick Valduriez. *Principles of distributed database systems.* Springer (2011). 25

[49] Tamer Özsu and Patrick Valduriez. *Distributed database systems : Where are we now ?* IEEE Computer **24**(8), 68–78 August (1991). 26, 27

[50] Yanchun Zhang and Maria E. Orlowska. *On fragmentation approaches for distributed database design.* Information Sciences **1**(3), 117–132 (1994). 26, 28

[51] Shamkant B. Navathe and Mingyoung Ra. *Vertical partitioning for database design : a graphical algorithm.* SIGMOD Rec. **18**(2), 440–450 June (1989). 26, 27

[52] William T. McCormick, Paul J. Schweitzer, and Thomas W. White. *Problem decomposition and data reorganization by a clustering technique.* Operations Research **20**(5), 993–1009 (1972). 27

[53] Ladjel Bellatreche, Kamel Boukhalfa, and Hassan Ismail Abdalla. SAGA : A combination of genetic and simulated annealing algorithms for physical data warehouse design. In *Flexible and Efficient Information Handling 23rd British National Conference on Databases(BNCOD 23)*, Lecture Notes in Computer Science, pages 212–219, Belfast, Northern Ireland, UK (2006). Springer. 28, 29

[54] Kamel Boukhalfa, Ladjel Bellatreche, and Pascal Richard. Fragmentations primaire et dérivée : Etude de complexité, algorithmes de sélection et validation sous oracle 10g. In *4émes journées francophones sur les Entrepôts de Données et l'Analyse en ligne*, pages 123–139, Toulouse Juin (2008). 28, 29

[55] Ladjel Bellatreche, Kamel Boukhalfa, Pascal Richard, and Komla Yamavo Woameno. *Referential horizontal partitioning selection problem in data warehouses : Hardness study and selection algorithms.* IJDWM **5**(4), 1–23 (2009). 28, 29

[56] Mohamed Barr and Ladjel Belletrache. *Approche dirigée par les fourmis pour la fragmentation horizontale dans les entrepôts de données relationnels.* Revue Nature et Technologie **06** Janvier (2012). 28, 34

[57] Patrick Valduriez. *Join indices.* ACM Trans. Database Syst. **12**(2), 218–246 June (1987). 35

[58] Duc Truong Pham, Stefan Simeonov Dimov, and Chi D.Nguyen. An incremental k-means algorithm. pages 783–795. Proceedings of the Institution of Mechanical Engineering Science Engineers, Part C Journal of Mechanical (2004). 35, 53

[59] Patrick O'Neil and Goetz Graefe. *Multi-table joins through bitmapped join indices.* SIGMOD Rec. **24**(3), 8–11 September (1995). 36

[60] Douglas Comer. *The difficulty of optimum index selection.* ACM Trans. Database Syst. **3**(4), 440–445 December (1978). 37

[61] Ladjel Bellatreche, Rokia Missaoui, Hamid Necir, and Habiba Drias. *A data mining approach for selecting bitmap join indices.* JCSE **1**(2), 177–194 (2007). 40, 41, 60, 62, 75, 88

[62] Kamel Boukhalfa, Ladjel Bellatreche, and Benameur Ziani. Index de jointure binaires : Stratégies de sélection et étude de performances. In *EDA*, pages 175–190 (2010). 42

[63] Benameur Ziani and Youcef Ouinten. *Vers l'auto-sélection des index dans les entrepôts de données : une approche basée sur la recherche des motifs fréquents maximaux.* CARI2010-Yamoussoukro pages 301–308 (2010). 45

[64] Benameur Ziani and Youcef Ouinten. Mining maximal frequent itemsets : a java implementation of FPMAX algorithm. In *Proceedings of the 6th international conference on Innovations in information technology*, IIT'09, pages 11–15, Piscataway, NJ, USA (2009). IEEE Press. 45

[65] Hamid Necir. *A data mining approach for efficient selection bitmap join index.* International Journal of Data Mining, Modelling and Management(IJDMMM) **2**(3), 238–251 (2010). 45

[66] Karam Gouda and Mohammed J. Zaki. *GenMax : An efficient algorithm for mining maximal frequent itemsets.* Data Mining Knowledge Discovery **11**(3), 223–242 november (2005). 45

[67] RON RYMON. Search through systematic set enumeration. In *KR*, pages 539–550. Morgan Kaufmann (1992). 46

[68] ARNAUD SOULET, JIRI KELMA, AND BRUNO CREMILLEUX. Efficient mining under flexible constraints through several datasets. In *In Workshop on Knowledge Discoveryin Inductive Databases co-located with PKDD'06* (2006). 47

[69] DANIEL C. ZILIO, JUN RAO, SAM LIGHTSTONE, GUY LOHMAN, ADAM STORM, CHRISTIAN GARCIA-ARELLANO, AND SCOTT FADDEN. DB2 design advisor : integrated automatic physical database design. In *Proceedings of the Thirtieth international conference on Very large data bases*, VLDB '04, pages 1087–1097. VLDB Endowment (2004). 48, 54

[70] KAMEL BOUKHALFA AND LADJEL BELLATRECHE. Combinaison des algorithmes génétique et de recuit simulé pour la conception physique des entrepôts de données. In *INFORSID*, pages 673–686 (2006). 51

[71] THOMAS STÖHR, HOLGER MÄRTENS, AND ERHARD RAHM. Multi-dimensional database allocation for parallel data warehouses. In *Proceedings of the 26th International Conference on Very Large Data Bases*, VLDB '00, pages 273–284, San Francisco, CA, USA (2000). Morgan Kaufmann Publishers Inc. 52

[72] XIAOWEI YAN, CHENGQI ZHANG, AND SHICHAO ZHANG. *Genetic algorithm-based strategy for identifying association rules without specifying actual minimum support.* Expert Syst. Appl. **36**(2), 3066–3076 March (2009). 73

[73] O. COUNCIL. Apb-1 olap benchmark, release ii. `http://www.olapcouncil.org/research/resrchly.htm`. 74, 83, 84

[74] Eclipse Juno. `http://www.eclipse.org/juno/`. 80, 85

[75] JGAP(java genetic algorithms package). `http://jgap.sourceforge.net/`. 80

[76] SPMF(sequential pattern mining framework). :`http://www.philippe-fournier-viger.com/spmf/`. 80

[77] KAMEL AOUICHE AND JÉRÔME DARMONT. *Data mining-based materialized view and index selection in data warehouses.* J. Intell. Inf. Syst. **33**(1), 65–93 August (2009). 96

[78] OREN ZAMIR AND OREN ETZIONI. *Grouper : a dynamic clustering interface to web search results.* Comput. Netw. **31**(11-16), 1361–1374 May (1999). 96

[79] PETKO VALTCHEV, ROKIA MISSAOUI, ROBERT GODIN, AND MOHAMED MERIDJI. *Generating frequent itemsets incrementally : two novel approaches based on galois lattice theory.* J. Exp. Theor. Artif. Intell. **14**(2-3), 115–142 (2002). 96

Annexe

1 Charge de Requêtes

1. Select Time_Level,Count(*)From Actvars A,Prodlevel P Where A.Product_Level = P.Code_Level And P.Class_Level = 'Nc2e103d3jtq' Group By Time_Level
2. Select Customer_Level,Avg(Unitssold) From Actvars A,Prodlevel P Where A.Product_Level = P.Code_Level And P.Family_Level = 'Rf6wol8sagyj' Group By Customer_Level
3. Select Month_Level,Count(*) From Actvars A,Timelevel T Where A.Time_Level = T.Tid And T.Quarter_Level = 'Q3' Group By Month_Level
4. Select Sum(Dollarcost) From Actvars A,Prodlevel P Where A.Product_Level = P.Code_Level And P.Line_Level = 'Lqlgzutg8789'
5. Select Product_Level,Count(*) From Actvars A,Timelevel T Where A.Time_Level = T.Tid And T.Quarter_Level = 'Q4' Group By Product_Level
6. Select Retailer_Level,Avg(Unitssold) From Actvars A,Prodlevel P, Custlevel C Where A.Product_Level = P.Code_Level And A.Customer_Level = C.Store_Level And P.Division_Level = 'So7n5r2vdkba' Group By Retailer_Level
7. Select Customer_Level,Sum(Dollarcost) From Actvars A,Prodlevel P Where A.Product_Level = P.Code_Level And P.Division_Level = 'Nkwuk763a2q4' Group By Customer_Level
8. Select Max(Unitssold) From Actvars A,Timelevel T Where A.Time_Level = T.Tid And T.Quarter_Level = 'Q2'
9. Select Year_Level,Max(Dollarcost) From Actvars A,Custlevel C,Timelevel T Where A.Customer_Level = C.Store_Level And C.City_Level = 'Laghouat' Group By Year_Level
10. Select Count(*) From Actvars A,Prodlevel P Where A.Product_Level = P.Code_Level And P.Family_Level = 'B05tvyw9adjy' Group By Time_Level
11. Select Count(*) From Actvars A,Prodlevel P Where A.Product_Level = P.Code_Level And P.Family_Level = 'Rf6wol8sagyj'

12. Select All_Level,Count(*) From Actvars A,Prodlevel P ,Chanlevel Ch Where A.Product_Level = P.Code_Level And A.Channel_Level = Ch.Base_Level And P.Division_Level = 'So7n5r2vdkba' Group By All_Level
13. Select All_Level,Count(*) From Actvars A,Prodlevel P ,Chanlevel Ch Where A.Product_Level = P.Code_Level And A.Channel_Level = Ch.Base_Level And P.Division_Level = 'So7n5r2vdkba' Group By All_Level
14. Select All_Level,Count(*) From Actvars A,Prodlevel P ,Chanlevel Ch Where A.Product_Level = P.Code_Level And A.Channel_Level = Ch.Base_Level And P.Division_Level = 'So7n5r2vdkba' Group By All_Level
15. Select Line_Level,Product_Level From Actvars A,Prodlevel P Where A.Product_Level = P.Code_Level And P.Class_Level = 'Nc2e103d3jtq'
16. Select Division_Level,Avg(Unitssold) From Actvars A,Timelevel T, Prodlevel P Where A.Time_Level = T.Tid And A.Product_Level = P.Code_Level And T.Month_Level = 1 Group By Division_Level
17. Select Count(*) From Actvars A,Timelevel T Where A.Time_Level = T.Tid And T.Month_Level = 12
18. Select Product_Level,Count(*) From Actvars A,Timelevel T Where A.Time_Level = T.Tid And T.Month_Level = 7 Group By Product_Level
19. Select Division_Level,Sum(Dollarcost) From Actvars A,Timelevel T , Prodlevel P Where A.Time_Level = T.Tid And A.Product_Level = P.Code_Level And T.Month_Level = 12 Group By Division_Level
20. Select Avg(Unitssold) From Actvars A,Timelevel T Where A.Time_Level = T.Tid And T.Month_Level = 1
21. Select Product_Level,Count(*) From Actvars A,Timelevel T Where A.Time_Level = T.Tid And T.Month_Level = 1 Group By Product_Level
22. Select Division_Level,Sum(Dollarcost) From Actvars A,Timelevel T , Prodlevel P Where A.Time_Level = T.Tid And T.Month_Level = 7 And A.Product_Level = P.Code_Level Group By Division_Level
23. Select Customer_Level,Count(*) From Actvars A,Timelevel T Where A.Time_Level = T.Tid And T.Month_Level = 12 Group By Customer_Level
24. Select Count(*) From Actvars A,Prodlevel P Where A.Product_Level = P.Code_Level And P.Class_Level = 'Nc2e103d3jtq'
25. Select Year_Level,Month_Level, Max(Unitssold) From Actvars A,Custlevel C,Timelevel T Where A.Customer_Level = C.Store_Level And C.Retailer_Level = 'K8r4fgk9ewaz' And A.Time_Level = T.Tid Group By Year_Level,Month_Level
26. Select Product_Level,Time_Level, Min(Unitssold) From Actvars A,Custlevel C Where A.Customer_Level = C.Store_Level And C.Retailer_Level = 'Sg2gj7mra8pw' Group By Product_Level,Time_Level
27. Select Count(*) From Actvars A,Chanlevel Ch Where A.Channel_Level = Ch.Base_Level And Ch.All_Level = 'Aaaaaa'

28. Select Channel_Level,Time_Level, Sum(Dollarcost) From Actvars A ,Chanlevel Ch Where A.Channel_Level = Ch.Base_Level And Ch.All_Level = 'Eeeeee' Group By Channel_Level, Time_Level
29. Select Class_Level,Year_Level, Time_Level, Avg(Unitssold) From Actvars A,Chanlevel Ch ,Prodlevel P ,Timelevel T Where A.Channel_Level = Ch.Base_Level And A.Product_Level = P.Code_Level And A.Time_Level = T.Tid And Ch.All_Level = 'Dddddd'group By Class_Level,Year_Level, Time_Level
30. Select Count(*) From Actvars A,Chanlevel Ch Where A.Channel_Level = Ch.Base_Level And Ch.All_Level = 'Dddddd'
31. Select Time_Level,Avg(Unitssold) From Actvars A,Timelevel T Where A.Time_Level = T.Tid And T.Quarter_Level = 'Q2' Group By Time_Level
32. Select Time_Level,Count(*) From Actvars A,Chanlevel Ch Where A.Channel_Level = Ch.Base_Level And Ch.All_Level = 'Eeeeee' Group By Time_Level
33. Select Year_Level,Month_Level, Sum(Dollarcost) From Actvars A,Custlevel C,Prodlevel P ,Timelevel T Where A.Customer_Level = C.Store_Level And A.Time_Level = T.Tid And A.Product_Level = P.Code_Level And P.Class_Level = 'Nc2e103d3jtq' And C.Retailer_Level = 'Txb7gjncejai' And C.City_Level = 'Alger' Group By Year_Level,Month_Level
34. Select Count(*) From Actvars A,Prodlevel P Where A.Product_Level = P.Code_Level And P.Division_Level = 'So7n5r2vdkba'
35. Select Sum(Dollarcost) From Actvars A, Prodlevel P,Timelevel T Where A.Product_Level = P.Code_Level And A.Time_Level = T.Tid And T.Quarter_Level = 'Q2' And T.Year_Level = '1996' And P.Class_Level = 'Nc2e103d3jtq'
36. Select Customer_Level, Time_Level, Avg(Unitssold) From Actvars A, Chanlevel Ch,Prodlevel P, Timelevel T,Custlevel C Where A.Product_Level = P.Code_Level And A.Time_Level = T.Tid And A.Customer_Level = C.Store_Level And A.Channel_Level = Ch.Base_Level And P.Class_Level = 'Nc2e103d3jtq' And Ch.All_Level = 'Aaaaaa' And T.Quarter_Level = 'Q2' And C.Gender_Level = 'F' Group By Customer_Level, Time_Level
37. Select Year_Level, Division_Level, Max(Unitssold) From Actvars A, Custlevel C,Timelevel T ,Prodlevel P Where A.Customer_Level = C.Store_Level And A.Product_Level = P.Code_Level And A.Time_Level = T.Tid And T.Month_Level = 1 And C.Retailer_Level = 'Txb7gjncejai' And C.Gender_Level = 'F' And C.City_Level = 'Ouargla' Group By Year_Level, Division_Level
38. Select Sum(Dollarcost), Avg(Unitssold) From Actvars A, Custlevel C,Timelevel T Where A.Customer_Level = C.Store_Level And A.Time_Level = T.Tid And T.Month_Level = 1 And C.Retailer_Level = 'Txb7gjncejai' And C.City_Level = 'Laghouat'
39. Select Month_Level, All_Level, Time_Level, Sum(Dollarcost) From Actvars A, Custlevel C,Prodlevel P,Timelevel T ,Chanlevel Ch Where A.Customer_Level = C.Store_Level And A.Product_Level = P.Code_Level And A.Channel_Level = Ch.Base_Level

And A.Time_Level = T.Tid And T.Year_Level = '1996' And C.Retailer_Level = 'Sg2gj7mra8pw' And C.City_Level = 'Alger' And P.Line_Level = 'Lqlgzutg8789' Group By Month_Level,All_Level, Time_Level

40. Select Avg(Unitssold) From Actvars A, Chanlevel Ch,Prodlevel P,Timelevel T Where A.Product_Level = P.Code_Level And A.Channel_Level = Ch.Base_Level And A.Time_Level = T.Tid And T.Month_Level = 12 And P.Division_Level = 'So7n5r2vdkba' And Ch.All_Level = 'Eeeeee'

41. Select Customer_Level, Product_Level, Channel_Level, Sum(Dollarcost) From Actvars A, Chanlevel Ch,Custlevel C,Prodlevel P Where A.Customer_Level = C.Store_Level And A.Product_Level = P.Code_Level And A.Channel_Level = Ch.Base_Level And P.Family_Level = 'Rf6wol8sagyj' And C.Retailer_Level = 'Sg2gj7mra8pw' And C.Gender_Level = 'F' And Ch.All_Level = 'Dddddd' Group By Customer_Level, Product_Level, Channel_Level

42. Select Division_Level,Count(*) From Actvars A,Prodlevel P Where A.Product_Level = P.Code_Level And P.Group_Level = 'Dh5ntbj5lat5' Group By Division_Level

43. Select Division_Level, Year_Level, Max(Unitssold) From Actvars A, Chanlevel Ch,Custlevel C,Timelevel T ,Prodlevel P Where A.Customer_Level = C.Store_Level And A.Product_Level = P.Code_Level And A.Channel_Level = Ch.Base_Level And A.Time_Level = T.Tid And T.Month_Level = 12 And C.Retailer_Level = 'Sg2gj7mra8pw' And C.City_Level = 'Ouargla' And C.Gender_Level = 'F' And Ch.All_Level = 'Eeeeee'group By Division_Level, Year_Level

44. Select Min(Unitssold) From Actvars A, Chanlevel Ch,Custlevel C,Prodlevel P,Timelevel T Where A.Customer_Level = C.Store_Level And A.Product_Level = P.Code_Level And A.Channel_Level = Ch.Base_Level And A.Time_Level = T.Tid And T.Month_Level = 7 And P.Group_Level = 'Dh5ntbj5lat5' And C.Retailer_Level = 'K8r4fgk9ewaz' And Ch.All_Level = 'Eeeeee'

45. Select Customer_Level, Channel_Level, Sum(Dollarcost) From Actvars A, Chanlevel Ch,Custlevel C,Prodlevel P,Timelevel T Where A.Customer_Level = C.Store_Level And A.Product_Level = P.Code_Level And A.Channel_Level = Ch.Base_Level And A.Time_Level = T.Tid And T.Month_Level = 7 And P.Class_Level = 'Nc2e103d3jtq' And C.Retailer_Level = 'Txb7gjncejai' And C.City_Level = 'Ouargla' And Ch.All_Level = 'Dddddd' Group By Customer_Level, Channel_Level

46. Select Line_Level, Month_Level, Avg(Unitssold) From Actvars A, Chanlevel Ch,Custlevel C,Prodlevel P,Timelevel T Where A.Customer_Level = C.Store_Level And A.Product_Level = P.Code_Level And A.Channel_Level = Ch.Base_Level And A.Time_Level = T.Tid And T.Year_Level = '1996' And T.Quarter_Level = 'Q2' And P.Group_Level = 'Dh5ntbj5lat5' And C.Retailer_Level = 'Txb7gjncejai' And Ch.All_Level = 'Eeeeee'group By Line_Level, Month_Level

47. Select Min(Unitssold) From Actvars A, Chanlevel Ch,Custlevel C,Prodlevel P,Timelevel T Where A.Customer_Level = C.Store_Level And A.Product_Level = P.Code_Level And A.Channel_Level = Ch.Base_Level And A.Time_Level = T.Tid And T.Year_Level

= '1996' And T.Quarter_Level = 'Q2' And T.Month_Level = 12 And P.Class_Level = 'Nc2e103d3jtq' And C.Retailer_Level = 'Txb7gjncejai' And C.Gender_Level = 'F' And C.City_Level = 'Ouargla' And Ch.All_Level = 'Eeeeee'

48. Select Customer_Level, Product_Level, Time_Level, Channel_Level, Max(Unitssold) From Actvars A, Chanlevel Ch,Custlevel C,Prodlevel P,Timelevel T Where A.Customer_Level = C.Store_Level And A.Product_Level = P.Code_Level And A.Channel_Level = Ch.Base_Level And A.Time_Level = T.Tid And T.Year_Level = '1996' And T.Month_Level = 7 And P.Class_Level = 'Nc2e103d3jtq' And C.Gender_Level = 'F' And C.Retailer_Level = 'Txb7gjncejai' And Ch.All_Level = 'Dddddd' Group By Customer_Level, Product_Level, Time_Level, Channel_Level
49. Select Sum(Dollarcost)From Actvars A,Timelevel T,Custlevel C Where A.Time_Level = T.Tid And A.Customer_Level = C.Store_Level And C.Gender_Level = 'F'
50. Select Month_Level,Sum(Dollarcost)From Actvars A,Custlevel C ,Timelevel T Where A.Customer_Level = C.Store_Level And A.Time_Level = T.Tid And C.City_Level = 'Ouargla' Group By Month_Level
51. Select Time_Level,Avg(Dollarcost) From Actvars A,Custlevel C Where A.Customer_Level = C.Store_Level And C.City_Level = 'Alger' Group By Time_Level
52. Select Avg(Dollarcost)From Actvars A,Custlevel C Where A.Customer_Level = C.Store_Level And C.City_Level = 'Alger'
53. Select Year_Level,Sum(Dollarcost) From Actvars A,Prodlevel P, Timelevel T Where A.Product_Level = P.Code_Level And A.Time_Level = T.Tid And P.Family_Level = 'Rf6wol8sagyj' Group By Year_Level
54. Select Customer_Level, Product_Level, Channel_Level, Sum (Dollarcost) From Actvars A, Chanlevel Ch, Custlevel C, Prodlevel P Where A.Customer_Level = C.Store_Level And A.Product_Level = P.Code_Level And A.Channel_Level = Ch.Base_Level And P.Family_Level = 'B5obop0xkr4w' And C.Retailer_Level = 'K8r4fgk9ewaz' And Ch.All_Level = 'Dddddd' Group By Customer_Level, Product_Level, Channel_Level
55. Select Customer_Level, Time_Level, Product_Level, Channel_Level, Min (Units-sold) From Actvars A, Chanlevel Ch,Custlevel C,Prodlevel P,Timelevel T Where A.Customer_Level = C.Store_Level And A.Product_Level = P.Code_Level And A.Channel_Level = Ch.Base_Level And A.Time_Level = T.Tid And T.Month_Level = 7 And P.Group_Level = 'Xwxhxg99xahs' And C.Retailer_Level = 'K8r4fgk9ewaz' And Ch.All_Level = 'Eeeeee' Group By Customer_Level, Time_Level, Product_Level, Channel_Level

Résumé

Les entrepôts de données forment actuellement une base intéressante pour les applications décisionnelles. Les principales caractéristiques de ces entrepôts sont leur grande taille et la complexité des leurs requêtes. Plusieurs techniques d'optimisation ont été proposées pour réduire le coût d'exécution des requêtes (index, vues matérialisées, fragmentation, etc). Plusieurs travaux de recherches ont été proposés dans la littérature pour traiter les problèmes de sélection de ces techniques, en utilisant les heuristiques : méta-heuristique, programmation linéaire, techniques de fouille de données, etc. Notre étude dans ce livre se situe à l'intersection de domaine de la fouille de données et la conception physique des entrepôts de données. Nous proposons une approche basée sur les techniques de fouille de données pour la sélection combinée de schéma de fragmentation et une configuration d'index de jointure binaire qui vise à optimiser l'ensemble de requêtes d'une charge donnée. Nous proposons de partager les requêtes en deux sous ensembles de requêtes, chaque sous ensemble sera exploité par une technique d'optimisation pour sélectionner la configuration d'optimisation correspondante (un schéma de fragmentation et/ou une configuration d'index de jointure binaire). Ce partage permet d'élaguer l'espace de recherche ainsi que la complexité des problèmes de sélection des techniques d'optimisation connus comme *NP-Complet* [46]. Le partage des requêtes ainsi que les démarches de sélection des techniques d'optimisation se basent sur l'utilisation des algorithmes de fouille de données. Pour valider notre approche, nous avons mené une étude expérimentale sur un entrepôt de données réel sous le SGBD *Oracle 11g*.
Mots clés : fouille de données, conception physique, entrepôt de données, index de jointure binaire, fragmentation horizontale.

Abstract

Data warehouses are currently form a good basis of decision-support systems. The main characteristics of these data warehouses are their large size and complexity of its decision-support queries. Several optimization techniques have been proposed to reduce the cost of running these queries (indexes, materialized views, fragmentation, etc). Several research works have been proposed in the literature to handle the selection problems of these techniques during the physical design phase, using heuristics : meta-heuristics, linear programming, data mining techniques, etc. Our study in this thesis is situated at the intersection of data mining and the physical design of the data warehouses. We propose an approach based on data mining techniques for combined selection of partitioning and binary join index schemas designed to optimize all queries in a given load. We propose to share queries into two sets of queries; each subset will be exploited by an optimization technique to select the appropriate optimization configuration (an horizontal fragmentation schema and a binary join index configuration). This sharing allows pruning the search space and the complexity of the selection problem of optimization techniques known as NP-complete [46]. Sharing of queries and optimization techniques selection process are based on the data mining algorithms. To validate our approach, we conducted an experimental study on a real data warehouse under the DBMS *Oracle 11g* .
Keywords : data mining, physical design, data warehouse, binary join index, horizontal partitioning.

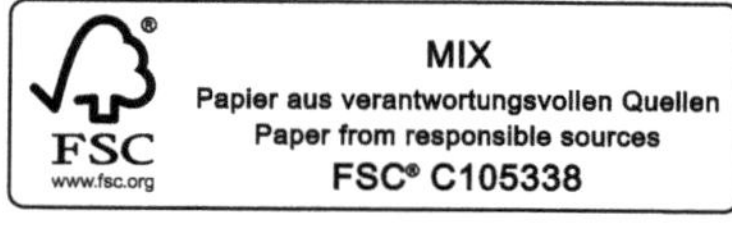

Printed by Books on Demand GmbH, Norderstedt / Germany